焼きキャベツ↓P48

パセリたっぷりのキャベツサラダ↓P50

新キャベツと蒸し豚のみそ添え↓P51

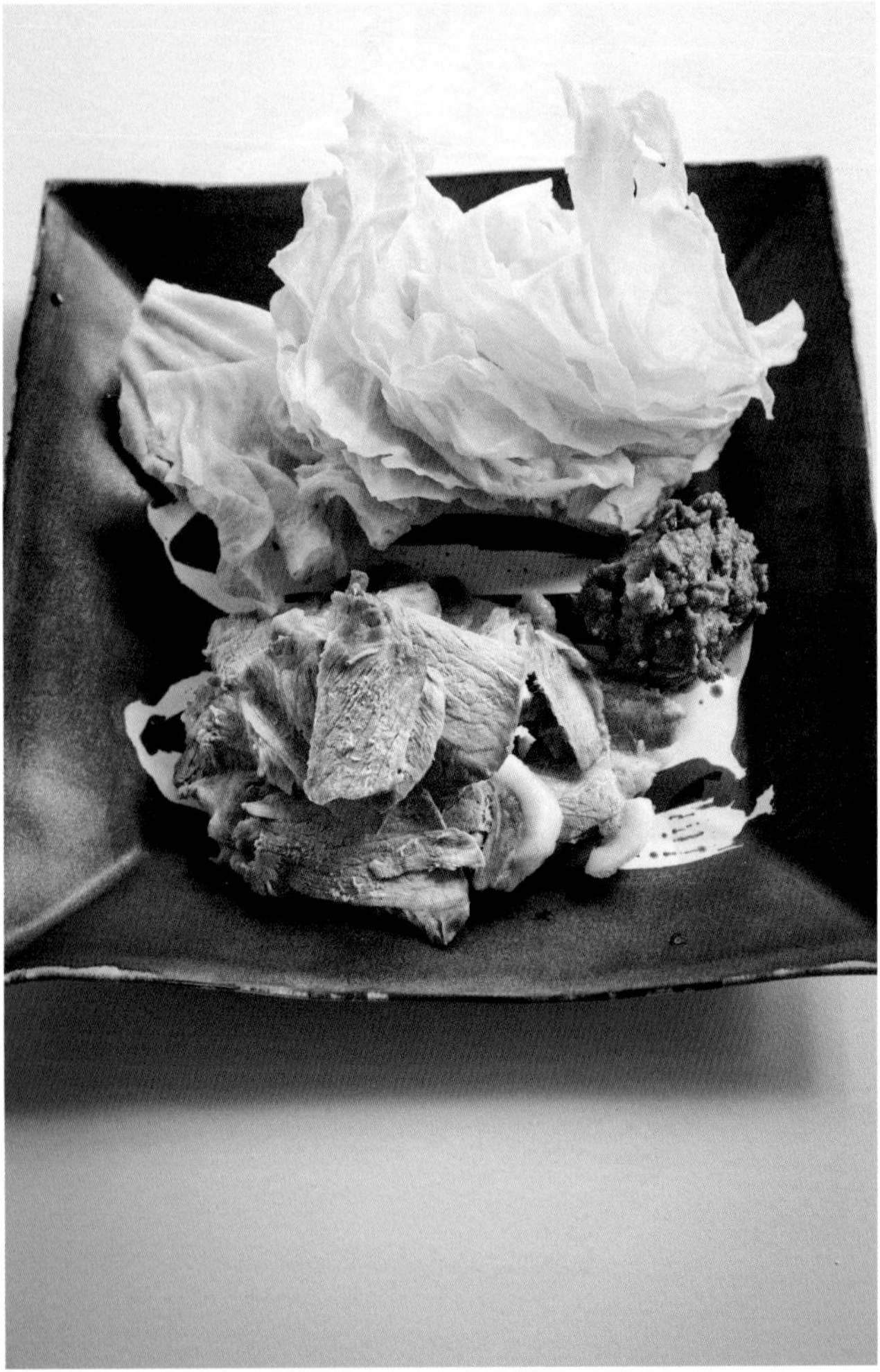

2

キャベツ

キャベツと豚肉の蒸し煮↓P45

5

シチリア風ポテトサラダ↓P64

じゃがいも

玉ねぎ

新玉ねぎのまるごとスープ
→P88

7

赤玉ねぎとビーツの酢漬け↓P80

にんじん

ミニにんじんで作る「にんじんのグラッセ」

↓P94

揚げかまぼこのねぎサラダ↓P99

バインセオ↓P106

塩もみきゅうりといり卵の餃子

↓P119

豚肉とゴーヤの蒸し煮↓P135

いんげんのオリーブオイルがけ↓P141

ズッキーニのせん切りサラダ↓P149

とうもろこしのフレッシュピュレ→P156

とうもろこしの玄米ご飯→P160

トマト

ミニトマトのスープ↓P168

ミニトマトのパスタ↓P166

梅干し入りなすの丸煮
↓P178

なす

19

なすのぬか漬け↓P174

かぼちゃ

かぼちゃのまるごとベイク↓P189

ごぼう

細切りごぼうのきんぴら↓P196

ごぼうのつくね揚げ（いわしすり身）↓P199

23

ごぼうのつくね揚げ（鶏ひき肉）→P199

小松菜

小松菜と大根おろし↓P209

小松菜といろいろ野菜のおろしあえ↓P209

さつまいもとえびのかき揚げ↓P215

里いものごまみそあえ↓P222

にら

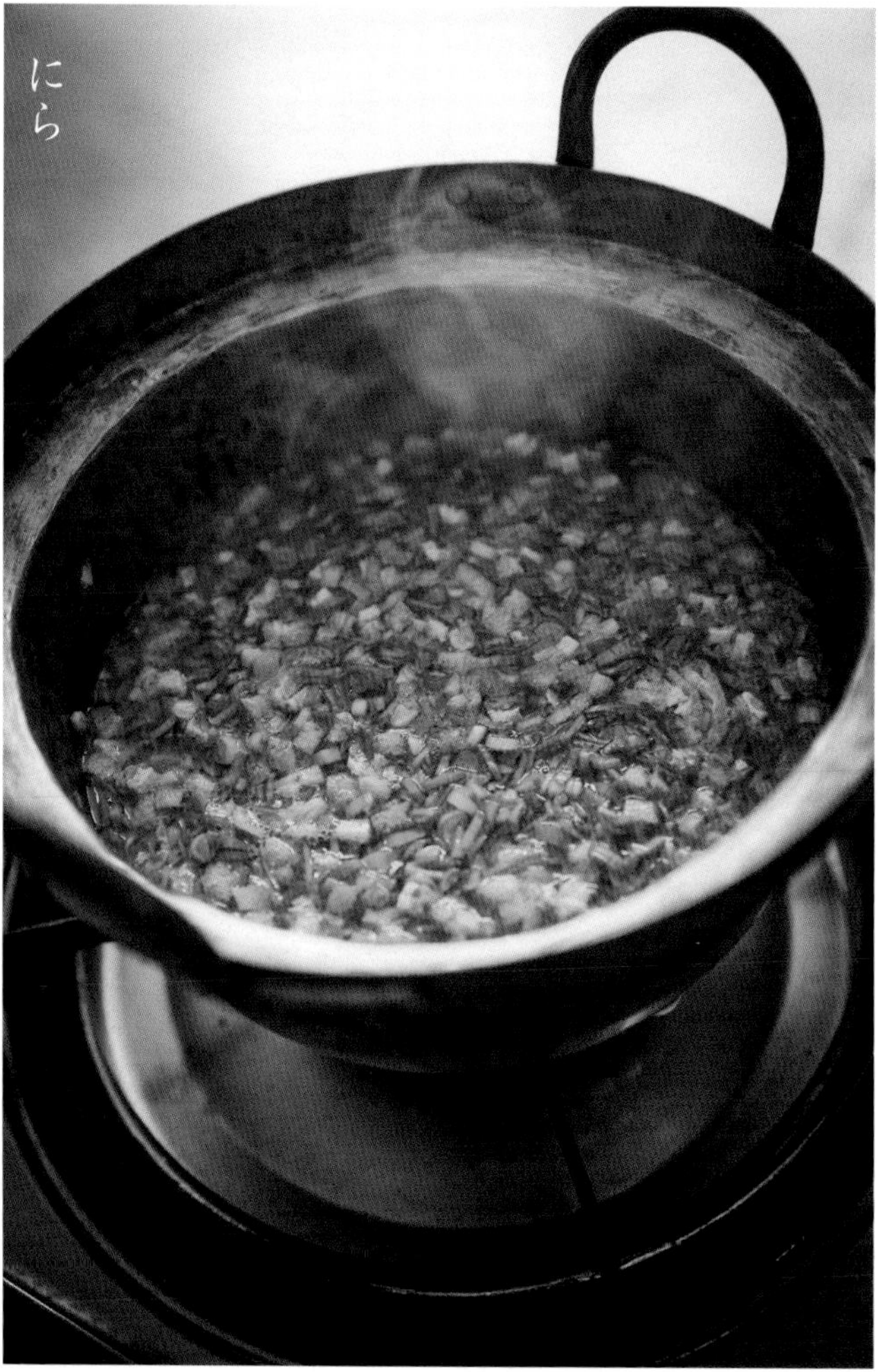

刻みにらと油揚げのみそ汁↓P233

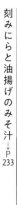

白菜

さっぱり酢白菜→P241

大根

大根とひき肉の炒め煮↓P246

ブロッコリー

ブロッコリーのグリーンソース↓P253

ブロッコリーのアンチョビ蒸し↓P255

ほうれんそう

豚肉とほうれんそうのさっと煮↓P260

ほうれんそうとキャベツのオイル蒸し↓P261

れんこん

叩きれんこんのドライカレー
↓P278

ちくま文庫

大好きな野菜 大好きな料理

有元葉子

筑摩書房

写真　竹内章雄
デザイン　若山嘉代子　L'espace
組版　佐藤尚美　L'espace
協力　村上卿子

本書は二〇一四年九月二五日、筑摩書房より刊行された『この野菜にこの料理』を再構成し、大幅に手を入れたものです。

大好きな野菜　大好きな料理　もくじ

一年中手に入る野菜

春から夏の野菜

秋から冬の野菜

はじめに　豊かな野菜生活のすすめ

春先のキャベツの淡い緑色、さや豆のシャキシャキした歯ごたえ、夏の光を浴びてパチンとはじけそうなトマトの味わい、土からの贈り物であるごぼうの食感と香り……。世の中にはたくさんの食材がありますが、その中でもいちばんぜいたくなのは「野菜」ではないかとよく思います。時期を選び、土を落とし、扱いに気を遣い、と手間がかかります。そのわりにマンネリ化したり、メイン料理にならなかったり。けれども、思いがけない調理法でとびきりおいしくなるのも、食べることで自然と体調がよくなるのも野菜の力です。

イタリアン、エスニック、和食とさまざまなレシピを紹介してきた私の料理の原点は、「野菜」と言っても過言ではありません。そして今日も、手に取った野菜の一つ一つに対して、「旬の時期だから、この料理を食べたい」とか「この食べ方を試してみたい」といった思いを抱きながらキッチンに立っています。

この本は、皆様と同じように大の野菜好きである私が、それぞれの野菜について、もっとも好きな料理を3つずつ紹介したものです。3つの料理は、同じ野菜でも使い方や味の方向や料理法に変化をつけて挙げてみました。外国で食べておいしかったものを自分流にした料理や、思いつきで試してあまりにおいしかったのでわが家の定番になった料理など、野菜料理誕生の「物語」もご紹介しています。

野菜料理は、適切な手間をかけたら、あとは余計なことはしないのがいちばん。私なりのコツや加減もできるかぎり丁寧にご説明します。

こうして挙げた料理はシンプルで気軽に始められるものも多いので、一つでも二つでもあなたのキッチンで作っていただければうれしいです。

野菜には人間と同じようにそれぞれ個性がありますから、まずそれを知るところから始めましょう。ベスト3の料理を始める前に、各野菜の特徴や扱い方や思いも書き添えました。

一年を通して「あれが作りたい!」、「これを食べたい!」と試していくうちに、体の調子がよいことを実感します。自然の奥深さに感動しながら、「やっぱり野菜料理って面白い!」と台所に立つたびに感じます。

有元葉子

この本の決まり

＊野菜は「一年中手に入る野菜」「春から夏の野菜」「秋から冬の野菜」に大別し、それぞれの章は五十音別に並べています。

＊1カップ＝200㎖、大さじ1＝15㎖、小さじ1＝5㎖です。

＊著者が使うオリーブオイルは、すべてエキストラバージンオリーブオイル（EXバージンオリーブオイル）です。料理に用いられるだし汁については、巻末にとり方をまとめました。

＊レシピは基本的に、材料と作り方に分けて示しましたが、簡単な料理に関しては材料と作り方を、本文中に入れたところもあります。

一年中
手に入る野菜

キャベツ

私の好きなキャベツ料理は、材料も調理法もシンプルなものばかり。素材そのものの味を大切にしたいので、あれこれと入れたくないというのが持論です。野菜のこの味、肉のあの味を出したい、そう考えて料理を始めると、じゃまになる素材や余計な調味料に気づきます。そういう必要のない材料を引き算していった結果、私のレシピはシンプルになりました。けれどもシンプルな料理であればあるほど、プラスしなければいけないこともあります。それはおいしくするための一手間です。

例えば、あらかじめ素材の余分な水分を出しておくとか、逆に水分を充分に含ませるなどは、香りや歯ざわりのよさや色の美しさにかかわります。火加減も同じ。鍋をよく熱したり、途中で火を弱めるなどの作業は、素材の香りやうまみを引き出すための一手間としてとても大事です。

さて、一年中店頭に並んでいるキャベツですが、冬キャベツと春キャベツでは特徴や料理方法がまったく違います。冬キャベツは巻きがかたく、葉も厚いので、しっかり火を通すと独特の甘みがでます。寒い季節においしい煮込み料理を作るなら絶対にこちらです。

春キャベツは、新キャベツとも呼ばれ、春先から出回ります。巻きがゆるく、やわらかいので、生のままいただくとか、さっと火を通すだけの料理に適しています。

① キャベツと豚肉の蒸し煮

写真→P2

新鮮なキャベツは、それだけを蒸し煮にしてもおいしいのですが、豚肉やベーコンまたはソーセージなどを加えると、キャベツの甘みに肉のうまみが加わりよりおいしい一皿になります。

肉の脂身はとかく敬遠されがちですが、おいしい豚肉なら脂身にもうまみがあります。豚肉なら適当に脂ののった肩ロース肉、ベーコンなら脂身の量よりも良質なものかどうかで選ぶこと。

もう一つのポイントは、火にかける前にキャベツに充分な水分を含ませておくこと。キャベツがしっかり水を含んでいれば蒸すための水分は必要ありません。どうしてもキャベツを水に浸す余裕がなければ、鍋に入れるときに焦げない程度の水(50ml程度)を加えて始めます。

それでは、ふたつきのしっかりした厚手の鍋を用意して、始めましょう。

◎キャベツと豚肉の蒸し煮［材料の目安・4人分］

キャベツ　½個〜小1個

豚肩ロース薄切り肉　150〜200g

塩・こしょう　各適量

1 キャベツは使う分を冷水に5〜10分浸して、たっぷり水を含ませてから、大きめのざく切りにし、厚手の鍋に入れる。豚肉は食べやすく切る。

2 キャベツの上に豚肉を広げてのせ、塩・こしょうをふり、ふたをして、キャベツが好みのやわらかさになるまで5〜8分程度、弱めの中火で蒸し煮にする。私は盛りつけ後に黒こしょうをたっぷりとひいていただきます。

★ 厚手鍋がない場合は、焦げつかないように大さじ3程度の水を加えて煮る。

［もう一言］　**たくさんキャベツを食べるならスープ煮に**

時間に余裕のあるときには、弱火でコトコトと煮込む「キャベツのスープ煮」がおすすめです。やわらかくなったキャベツからは甘みが出て、ともかくたくさん食べられるのです。

キャベツ半個は縦に四つ割り（くし形）にし、豚薄切り肉100グラムかベーコン4枚は食べやすい大きさに切ります。これらを厚手の鍋に入れ、スープストック1〜2カップ、ローリエ2枚を加え、塩・こしょう各少々をふり、ふたをして20〜30分弱火で煮込みます。

もう少し手の込んだ料理にしたいときは、まるごと1個のキャベツの葉と葉の間に薄切り肉（ベーコンや味つけしたひき肉でも）をはさみ、たこ糸などで開かないように結び、スープで煮込みます。シンプルですが、なかなかのごちそうに仕上がるのがうれしい料理です。

こんなふうに料理はいろいろに応用してみると、どんどん楽しくなってきます。

② 焼きキャベツ

写真↓P3

これは料理とは言えないのでは、と思うくらい手軽で簡単。EXバージンオリーブオイルを熱した中華鍋(フライパンでもOK)でキャベツを焼き、ソースでいただく、どこか懐かしい一品です。キャベツの太い芯の部分は包丁をねかせるようにして平らに削いでから焼いてください。火の通りが均一になり上手に焼けます。

中華鍋をよく熱してからオイルを入れ、パリッとしたキャベツを一枚ずつ鍋肌に押しつけるようにしてジュッと焼きます。つまり、たっぷり水けを含んだキャベツに熱い鉄の鍋肌で一気に火を通すのですが、葉がみずみずしい状態でないと、ぜんぜんおいしくできません。少しでも葉がしなびているときは、必ず氷水に浸してパリッとさせてから焼くこと。

そして、わが家定番のソースと言えば、三留商店オリジナルの「薬膳ソース」。八角、クローブ、ウコンなどが脂っこさを消してくれて、後味のよい健康的な中濃ソースなので長年愛用しています。

調理中は油が跳ねるので、焼き終わったらすぐにガス台のまわりをふきましょう。

●焼きキャベツ［材料の目安・2人分］
キャベツの葉　4枚
EXバージンオリーブオイル　大さじ2
中濃ソース　適量

1 みずみずしいキャベツの葉を半分くらいの大きさに切る。太い芯は薄く削ぐ。中華鍋を熱し、オリーブオイルを注ぐ。

2 キャベツの葉を1枚ずつ入れ、ヘラで鍋肌に押しつけながら火を通し、両面とも少し焼き色がつく程度に焼く。

3 器に盛り、好みのソースをかけて熱々をいただく。

★三留商店は国内外の美味しい食材や調味料を扱うお店です。
☎0467—22—0045　http://www.mitome.jp/

③ パセリたっぷりのキャベツサラダ

写真↓P3

せん切りキャベツのサラダはそれまでにもよく作っていましたし、そこにパセリを加えることもあったのです。けれども、あるときサラダに入れるパセリのみじん切りが、思いのほかたくさんできてしまったのです。それを全部キャベツに混ぜてみると、キャベツの薄いグリーンにパセリの濃いグリーンが映えて何とも言えない美しさ。たっぷり入った分、風味もさわやかです。

それからはキャベツのせん切りサラダというと、パセリをたっぷり入れて作るようになりました。パセリがちょっと多すぎるかしらと思うくらいでも大丈夫。

ちなみにキャベツのせん切りは、新キャベツや、冬キャベツの内葉で作るのがおすすめです。

◉パセリたっぷりのキャベツサラダ［材料の目安・4人分］

キャベツの葉　大5枚
パセリ　4～5本
EXバージンオリーブオイル　大さじ3

米酢　大さじ1強（ワインビネガーは大さじ1、米酢はやや多めに）
塩・こしょう　各適量

1 キャベツの葉は冷水につけてパリッとさせて水けをきり、芯を削ぎとる。葉を重ねてくるくると巻き、端から細いせん切りキャベツに。

2 パセリは茎を除き、葉をまとめて端から細かいみじん切りにして水けをきる。

3 ボウルに**1**のキャベツと**2**のパセリを入れ、EXバージンオリーブオイル、米酢またはワインビネガー（レモン汁でも可）、塩・こしょうで味を調える。キャベツとパセリの割合はお好みでもOK。

④ 新キャベツと蒸し豚のみそ添え

写真↓P4

キャベツを手でちぎって、生でいただくこの料理は、葉のやわらかい新キャベツで。もともとキャベツと豚肉はとても好相性。うちではよく蒸し豚をキャベツで巻いていただきますが、みそで作ったたれを添えて食べるとよりおいしくなるのです。

蒸し豚は少量ではおいしくできないので、500グラム程度（1キロでもOK）の肩ロース肉のかたまりを用意し、全体に塩少々をまぶします。これを深皿に入れ、酒を大さじ3程度ふりかけて蒸気の上がった蒸し器で蒸します。串を刺して赤い汁が出なくなればでき上がり。

蒸し豚は食べやすい厚さに切り分けて器に並べ、新キャベツは生のままバリバリちぎって、たっぷり添えます。みそに、ごま油、おろしにんにく、豆板醬適量を混ぜた唐辛子みそでいただくのが私のお気に入り。唐辛子みそではなく柚子こしょうでもピリ辛のたれでいただくのがポイントです。

和風の料理にしても、中華風の料理にしてもキャベツと豚肉とみそというのは、とても合う食材です。

しいたけ

　しいたけは、かさが肉厚で、軸に向けてしっかりと巻き込んでいるものを選んでください。軸は太くて短めのものが良品です。かさが開いていたり、かさの裏のひだが変色しているものは古いので避けましょう。

　使うときには洗わないのが基本です。汚れは調理用のハケやふきんで軽く払うか、湿らせたキッチンペーパーなどでふくようにします。

　石づき（軸の根もとのかたい部分）を除いたら、かさの中央に切れ目を入れて、そこから下まで手で裂きます。かさだけを使う場合は軸をひねって取りますが、残った軸も細く裂いて炊き込みご飯や汁の実、ひき肉料理に加えるとうまみが出て、おいしくなります。

　生しいたけは冷蔵保存しても、意外に日もちがしないものです。早く使うのがいちばんですが、長くもたせたい場合は風の通る場所で太陽に当てて、干してから保存を。水けを完全に飛ばし、干ししいたけにして保存します。

① 焼きしいたけの山かけ

ちょっと贅沢で、私の大好きな一皿です。肉厚のしいたけは、網焼きにするとよい香りが増しますが、そこへすりおろした山いもをかけます。わが家ならではの工夫は、さらにその上に「しょうゆ卵」をのせることです。

山いもは水分の多い長いもは避け、ねっとりして、とろろにすると弾力のある大和いもを使います。「しょうゆ卵」は卵黄を一晩しょうゆ漬けにしたものですが、生卵とは異なりウニのような濃厚な味わい。これが焼きしいたけと合います。

この料理はおかずにしても美味ですが、そのままご飯にのせて丼物にするのもおいしいものです。

香り高い焼きしいたけは、まぐろの山かけ丼に添えてもよし、ゆでたほうれんそうや春菊といっしょに柚子あえにしてもよし、EXバージンオリーブオイルであえてもよし、といろいろに使えます。焼きしいたけの炊き込みご飯も秋には欠かせません。

●焼きしいたけの山かけ［材料の目安・2人分］

生しいたけ　8個
山いも　150g
酢　少々
しょうゆ卵
　卵黄　2個分
　しょうゆ　小さじ3
生わさび　適量

1 小さい器に卵黄を1個ずつ入れて、しょうゆを注ぎ、一晩冷蔵室に置く。

2 しいたけは石づきを除き、かさに包丁で切れ目を入れ、軸ごと手で二〜四つに裂く。

3 焼き網を熱し、**2**のしいたけの両面を焦げ目がつくまで返しながら焼く。

4 山いもは皮をむいて5分ほど酢水につけ、細かい目のおろし金でおろす。すりおろさずに、酢水につけた山いもを袋に入れ、すりこ木などで叩いて使ってもよい。

5 器に**3**の焼きしいたけと**4**の山いもを盛り、中央を少し凹ませて**1**の卵黄をしょうゆごとのせて、おろした生わさびを添える。

② いろいろきのこの煮びたし

4〜5種類のきのこを合わせて煮ると、それぞれのきのこのうまみがたっぷり出て、香りもよい料理に仕上がります。きのこの種類はお好みで。かつおだしに、だしの出る数種類ものきのこのうまみが加わると、「どうしてこんなにおいしいの！」と思うくらいのうまみのハーモニーが楽しめます。

仕上げに粉山椒または七味唐辛子をふってもいいですし、柚子の皮のせん切りなども合います。

私は新そばの時期に、この煮びたしを作っておき、さっとゆでたそばの上にかけていただくのが好きです。さらに、わさびを添えると味にメリハリがつき、たまらないおいしさです。

●いろいろきのこの煮びたし［材料の目安・2人分］

生しいたけ　4個
しめじ　1パック
えのきだけ　1袋

エリンギ　1本
煮汁
かつお節のだし汁（↓P281）　2カップ
しょうゆ　小さじ1½
酒　大さじ3
塩　小さじ½

1 生しいたけは石づきを除き、かさに切れ目を入れ、軸ごと手で四つに裂く。
2 しめじとえのきだけは石づきを除いて小房に分ける。エリンギは手で細く裂く。
3 鍋に**1**と**2**を入れ、だし汁をひたひたよりやや少なめに注いで中火にかける。
4 しょうゆと酒を加えて煮る。全体に火が通り、材料がしんなりしたら塩で味を調える。

③ しいたけの肉巻きフライ

このフライは、召し上がった方が何とおっしゃるかがちょっと楽しみな料理です。「これはカキフライ？」と言う人もいれば、「この中身は何ですか？」と聞く方もいらっしゃいます。

かさをできるだけ薄く切り、軸もごく細く裂いたものを、しゃぶしゃぶ用のようなごく薄切りの豚肉でぎゅっと巻いて、衣をつけてフライにします。揚げると、薄い豚肉の中のしいたけの味が際立つのです。

一見するとカキフライのよう……。見た目だけではなく食べてみると、本物のカキに似た濃厚な味がするのです。この料理にはしっかりとしただしの出る軸が絶対必要です。しいたけにオイスターソースをほんの少し混ぜて巻いたら、本当に間違えてしまいそう。きのこ類の軸はうまみが豊富です。

揚げたてに薬膳ソース（↓P48）をつけていただきます。

●しいたけの肉巻きフライ［材料の目安・4人分］

生しいたけ　12個
豚薄切り肉　250g
衣
　小麦粉　適量
　溶き卵　1個分
　パン粉　適量

揚げ油　適量
塩・こしょう　各適量
ソース　適量

1 豚肉の片面に軽く塩・こしょうをする。

2 しいたけは石づきを除き、軸をかさに押しつけるようにしてひねって取る。かさの部分は包丁でごく薄切りにする。軸は手でごく細く裂き、かさの部分と軽く混ぜる。

3 塩・こしょうしていない面を下にして豚肉を平らにして広げ、2を等分にしてのせて、きっちりと俵形に巻く。巻き終わったら、はみ出したしいたけを中に押し込みながら両側を押さえて形を整える。

4 3の肉巻きに小麦粉を薄くまぶし、溶き卵をくぐらせてパン粉をつける。

5 揚げ油を中温（170度）に熱し、4を入れてときどき上下を返しながら、衣がきつね色になるまで揚げる。

じゃがいも

じゃがいもは世界中どこにでもあります。品種の差はあるものの、北から南までほとんどの国にあるのです。しかも、どこの国でも日本同様、安価で身近な食材です。世界中でさまざまな食べ方があるけれども、そのどれもおいしい。

多めにゆでたり蒸したりして保存しておけば、少しご飯が足りないというときに重宝しますし、料理に使う分だけフライパンで焼いたり、くずしたりしてすぐに使えます。

ポルトガルの炭焼きいわしの店で、名物のいわしの塩焼きと一緒に出てきたのが、ゴロンとまるごとゆでたじゃがいも。脂がのったいわしの塩焼きは、ゆでじゃがいもあってこそのおいしさで、まるで焼き魚に欠かせない日本のご飯のようでした。

① じゃがいもと鶏肉の蒸し焼き

わが家の定番中の定番料理。肉から出たうまみをたっぷり吸ったじゃがいもはこってりとしていて美味。ここでは厚手の鍋やふたつきのフライパンで蒸し焼きにするレシピを紹介していますが、鍋ごとオーブンで調理してもいいのです。「水はいらないの？」と思うかもしれませんが、厚手の鍋なら、肉やじゃがいもの水分だけで大丈夫。

じゃがいもは皮をむいても皮つきでも。ポイントは大ぶりに切ること。肉とじゃがいもを交互に鍋に入れて火にかけます。鍋から離れてもよいので、ほかの仕事をしている間にでき上がるのもうれしいところ。

フレッシュなローズマリーやタイムを加えれば、仕上がりの香りが一段とよくなりますし、クローブやクミンなどのスパイスを使うと個性的な料理に変身します。EXバージンオリーブオイルとにんにくをいっぱい入れて、最後にレモンをぎゅっと搾るのも美味。

要は、自由度の高い料理ですから、鶏肉に限らず、トンカツ用の豚肉、ソーセージや厚切りのベーコン、ラムチョップのような骨つきの肉を使ってもOK。肉に塩・こしょうをしてEXバージンオリーブオイルをかけ、ハーブやスパイスを加えて前日からマリネしておけばさらにおいしくなります。

肉の代わりに魚なら、干ダラ（バッカラ）や甘塩さけでもおいしくでき上がります。

魚で作るなら、オイルではなくバターや生クリームを使うのもおすすめです。

じゃがいもににんじんやズッキーニやパプリカなどを加えれば彩りもにぎやかになりますし、トマトが入ればまた違う味に。生のグリーンピースや空豆を途中から入れれば、豆の甘みと色がきいた一皿に。

このように、自分のオリジナルができる料理では、創造力を働かせて作るところが面白いもの。臨機応変に作れば、自分流の思いがけない楽しい料理が生まれます。

◎じゃがいもと鶏肉の蒸し焼き［材料の目安・４人分］

じゃがいも　４個
鶏もも肉　１枚（約300g）
にんにく　３～４片
ローズマリー、タイムなど（あれば）　各適量
ＥＸバージンオリーブオイル　大さじ２
塩・こしょう　各適量

1　じゃがいもは厚さ２cm程度の輪切りにし、水に10分ほどさらす。

2　鶏肉は４～５cm角程度に切り分け、塩・こしょう各少々と、好みのハーブをまぶして下味をつける。にんにくは芯を取り、包丁の腹で押しつぶし、香りを出やす

くしておく。

3 厚手の鍋にEXバージンオリーブオイルとにんにくを入れ、**1**のじゃがいもと**2**の鶏肉を立てかけるようにして交互に並べ入れる。

4 ふたをして、弱めの中火で30〜40分蒸し焼きにする。全体にほんのり焦げ色がつけばでき上がり。

② 和風粉ふきいも

ふつうの粉ふきいもと違う、ほんのり甘い和風味の粉ふきいも。それがなぜかほっとする味で大好きです。砂糖でも和三盆でもメープルシロップでもお好きな甘みと、ちょっとの塩を足すだけで仕上げる、真っ白な粉ふきいもです。

じゃがいもによっては、ゆでるとすぐホロッとくずれてしまうものもありますが、そんなときは最初から砂糖と塩を入れてゆでましょう。

砂糖と塩の加減は好みにより違うので、そのあたりは多少難しいのですが、迷ったときは控えめにしておくこと。甘みも塩けも足りなければ、あとで足せますから。

要は、甘みも塩けもほどほどに、うっすらと甘く仕上げるとおいしさが際立ちます。塩をほんの少しのしょうゆに替えれば染め煮になり、こちらもおいしいです。

●和風粉ふきいも［材料の目安・4人分］
じゃがいも　4個
砂糖　大さじ1〜2
塩　少々

1　じゃがいもは男爵など粉質系のものを使い、皮をむいて大きめの一口大に切って軽く水にさらす。
2　鍋に1を入れ、かぶるくらいの水を注いでゆで始める。
3　途中で塩少々を加え、じゃがいもがやわらかくなったらゆで汁を捨てる。
4　砂糖を加えて再び火にかけ、鍋をゆすりながら中火で加熱して粉をふかせる。

③ シチリア風ポテトサラダ 写真↓P5

材料はすべて地中海に浮かぶシチリア島の産物。じゃがいもはシチリアでもおなじみの野菜ですが、蒸したじゃがいもに同じ産地の食材を合わせると、自然とおいしい組み合わせになるのです。

ほくほくした粉質系のいもを皮ごと蒸して使います。蒸し器にまるごとのじゃがいもを入れ、強火で蒸すと水っぽくなりません。15～20分程度蒸したら、小さいものから串を刺し、すっと通ったものから順に取り出します。

以前はまるごと加熱するじゃがいもは皮ごとゆでていましたが、ゆで上がりを確認するために串を刺すと、そこから湯が入り、どうしても水っぽくなってしまうのが悩みの種でした。あるとき蒸したほうがよいかも、と試してみたところ、おいしくほくほくに仕上がったので、以来、皮ごと蒸して作ることにしています。

イタリアにいるときは、具はたくさん入れず、じゃがいもとケイパーとEXバージンオリーブオイルだけで作ることもあります。これにカリッと焼き上げた魚か肉、それに生野菜を添えれば、じゃがいもが主食兼副菜になりますので、パンは不要です。イタリアにいるときのいつものごはんです。

●シチリア風ポテトサラダ［材料の目安・4人分］

じゃがいも　大4個

ツナ缶(80g)　2缶
赤玉ねぎ　½〜1個
プチトマト　10〜15個
イタリアンパセリ　2〜3本
ケイパー(塩漬け)　大さじ2〜3
レモン　大1個(またはワインビネガー　少々)
EXバージンオリーブオイル　大さじ2〜3
塩　小さじ½
こしょう　適量

1 じゃがいもはよく洗い、まるごと蒸してすぐに皮をむき、熱いうちにフォークなどで粗く割りほぐし、すぐにレモン汁を搾りかける。とにかく、じゃがいもが熱いうちにレモン汁またはワインビネガー少々をかけておくのが、おいしく仕上げるポイント。

2 魚介類はツナ缶を使用。フレーク状のものではなくて、ソリッド(かたまり)タイプやチャンク(一口大)タイプなど身がしっかりしたものが美味。缶汁はきっておく。

3 赤玉ねぎはシャキシャキ感を生かすため繊維にそって薄切りに、プチトマトは果汁が全体にからむように横半分に切る。イタリアンパセリはみじん切りに、ケイパーは水けをきっておく。

4 以上の材料をすべて合わせ、EXバージンオリーブオイルと塩・こしょうを加えて味を調える。ケイパーの塩けに応じて塩の量を加減する。

［もう一言］　世界中で人気のフライドポテトのスパイスあえ

中はほくほく、外はカリカリのフライドポテトの作り方の秘訣は、まずじゃがいもを塩ゆでしてから揚げることです。じゃがいもをくし形に切り、水にさらした後、熱湯に塩少々を入れ、5分ほどゆでてざるにあげます。これを180度に熱した油で香ばしいきつね色になるまで揚げるのですが、網じゃくしを用いて熱い油から出したり入れたりを数回繰り返すとカリッと仕上がります。熱々のうちに塩少々と好みのスパイス（こしょう、クミン、コリアンダー、またはカレー粉でも）とあえて、どうぞ。くせになりそうなおいしさです。

④ 新じゃがのサワークリームがらめ

春先から初夏の一時期だけ出回る新じゃがは、小さいのでまるごと料理しても早く火が通り、みずみずしい香りが魅力です。水分が多いので、ほっくり感を味わうより、炒めたり油で揚げて楽しみます。煮くずれしにくいので煮物にもします。皮が薄いので、皮つきのままで料理できるのもいいところ。コロコロとした形もかわいらしいじゃがいもです。

いろいろな料理ができますが、中でもイチオシはこの料理。あっさりした新じゃがは、サワークリームと合わせるとコクが出て、ちょっとカロリーは高くなりますが、この季節にふさわしいおいしさに。

皮ごと素揚げするか、ゆでたり蒸したりした新じゃがを、薄くオイルをひいたフライパンに入れてころがしながらサワークリームをからめて、塩・こしょうで仕上げます。これにゆでたグリーンピースを添えてもきれいですし、いくらやキャビアなどを飾るとおもてなし料理になります。

もう一つ、おまけのレシピを。ゆでた皮つきの新じゃがにEXバージンオリーブオイル、ワインビネガー（酢でも）、塩・こしょう各少々と、刻んだチャイブ（細いねぎに似た香草）をたっぷり加え、もしお好きならディルなども刻んで入れ、しっかりあえる。簡単なこの一皿もとてもおいしくて、私は大好きです。

セロリ

セロリは独特な香りとシャキシャキとした食感が命。新鮮なうちに使いきりましょう。

茎の筋は、包丁の刃をねかせて入れ、根元のほうからそのまま引いてはがします。このセロリの筋を、じつは私は重宝しています。食材をしばるヒモとして使っているのです。昆布巻きや袋物のおでんの具をしばる食材としてかんぴょうを使いますよね。それと同じ要領で、キャベツに豚薄切り肉を巻き込んで作る「簡単ロールキャベツ」をしばったり、詰め物をして揚げるときのヒモ代わりとして役立てています。しっかり結べますし、そのまま食べられて味に支障もありませんから、とても具合がいいのです。

包丁ではなく、ピーラーで筋取りをするときは、軽く当てて引くようにし、厚くむかないように注意します。

セロリの葉も私にとっては大切な調理材料です。葉は何枚か重ねて巻き、極細に切ります。グリーンの糸のように切るのですが、サラダに混ぜたり、スープの浮き身(写真→P6）にすると、香り高く、料理に繊細さが加わります。これを捨てるなんてもったいないことです。

①セロリのベーシックスープ

セロリは洋風のスープに欠かせません。

イタリアではスープを作るとき、何はなくてもまずセロリ、パセリ、玉ねぎ、にんじんを用意します。セロリを他の香味野菜とともに煮込んだスープは、そのままスープとしていただいてもおいしいのですが、洋風や中華風の煮込みやパスタ、中華麵のスープストックとしても使え、応用範囲が広いのです。セロリは、一株をプランターに植えておくと、いつも新鮮なものが使えてとても便利です。セロリの香りは、新鮮であればあるほどよいので、苗を植えるのがベストです。

スープの作り方はとても簡単。深鍋にセロリ、パセリ、玉ねぎなどの香味野菜を入れ、それがかぶるくらいの水を注ぎ、そのまま水から静かにコトコトと煮ていくだけ。多めに作っておくと、滋味深いスープとしてだけでなく、ポタージュや煮込み料理のべースとなります。スープのために煮込んだ野菜もくったりとやわらかくなっていて、おいしいですよ。

1 セロリは長さを2〜3等分にし、玉ねぎ（あればにんじんの切れ端なども）は大きめに切って、パセリとともに深鍋に入れる。香りが断然違うのでセロリはぜひ葉ごと入れたい。好みでローリエかタイムなども加えて香りづけをする。

2 **1**に材料がかぶる程度の水を注ぎ、ふたをせずに弱めの火で、野菜が透き通るような感じになるまで煮込む。味見をして香りや味を確認する。

3 **2**をこしてスープを鍋に戻し、塩・こしょうで味を調える。

野菜のスープをとるときに鶏胸肉1枚を入れて煮ると、セロリのスープに鶏肉のうまみも加わって一段とおいしいスープストックができます。これはゆで鶏とスープが一度にできる、いわゆる「一度で二度おいしい」という作り方。

一緒にゆでた鶏肉は、ゆで汁とともに保存容器に入れて一晩ほど冷蔵庫に入れておくと、しっとりしたゆで鶏としていただけます。そのまま塩少々を加えた汁につけておけば冷蔵庫で2〜3日は保存できます。料理に合わせて手で身を裂いて使います。

スープを長く保存したいときは、1回分ずつ小分けにして冷凍します。これも重宝する保存食で、例えば、スープがほしいときは、解凍して温め、こしょうをふればでき上がり。中華乾麺をゆでて、温めたスープを加え、ゆで鶏と細切りねぎをのせれば中華麺に。胸肉、ささみで作ればあっさり味に、もも肉なら少しこくのあるスープができます。

◎セロリのベーシックスープ（鶏肉入り）［材料の目安・4人分］
セロリ　2〜3本（葉先も）
パセリ　2本
玉ねぎ　1〜2個
にんじん　5㎝
鶏胸肉　1枚
ローリエ（好みで）　2〜3枚
タイム（好みで）　2〜3枝
水　10カップ（約⅔量に煮詰める）
塩・こしょう　各適量
★鶏肉を入れなくてもセロリと香味野菜をしっかり煮るだけでベーシックスープができる。

1　セロリと他の香味野菜、ハーブは、先のセロリのスープと同様に深鍋に入れる。

2　**1**の鍋に鶏胸肉も入れ、かぶるくらいの水を注いで中火にかける。煮立ち始めたら、軽く煮立つ程度の弱めの中火にし、アクを丁寧に除く。あとはふたをせずにコトコトと鶏肉がやわらかくなるまで煮込む。

3　こしてスープをとり、スープを鍋に戻して塩・こしょうで味を調える。

② ささみとセロリの白髪ねぎあえ

①でゆでた鶏肉を利用すればすぐにできる一品です。スープをとるときにできたゆで鶏があれば、それを使います。ないときは、酒少々をふりかけ、7〜8分蒸したささみを使います。ごく細く裂いた鶏肉と、セロリとねぎの白い部分をできるだけ細く切ったものを中華風の辛みだれであえていただきます。極細に切った材料にたれがよくからみ、セロリの香りと歯ざわりがいいアクセントになり、ご飯のおかずとしてはもちろん、酒肴にもぴったり。

◘ささみとセロリの白髪ねぎあえ［材料の目安・4人分］
鶏ささみ（筋なしをスープでゆでるか蒸すかしたもの）　6〜7本

セロリ　1本
長ねぎ　1本
辛みだれ
　ごま油　大さじ2
　酢　大さじ1
　しょうゆ　大さじ1〜1½
　豆板醤　小さじ1
　にんにくのすりおろし　1片分

1 ささみは、粗熱がとれたら、細かく裂く。

2 セロリは筋を除き、長さを5〜6㎝に切って、それぞれを縦に薄く切り、それを重ねて極細せん切りにする。

3 長ねぎの白い部分をセロリ同様に細く切って白髪ねぎにし、氷水に数分つけてよく水けをきる。**2**のセロリも同様に氷水につけておくとさらにパリッとする。

4 **1**と**2**を混ぜて器に盛る。**3**の白髪ねぎを上に飾り、辛みだれの材料を合わせて全体にかける。白髪ねぎにセロリの葉をごく細く切って混ぜるときれい。

③ 帆立てとセロリ、大根のサラダ

この料理には生の帆立てではなく、上質の缶詰を使います。帆立て缶の汁にレモン汁を加えると、うまみのあるドレッシングになるからです。帆立て缶は上等なものを選ぶのが、この料理のおいしさの秘訣。

帆立て缶とセロリだけで作るときもあれば、さらに大根を加えるときもあります。セロリは必須ですが大根は入っても入らなくてもOK。大根が入るほうがボリュームが出るので、ここでは大根入りをご紹介しましょう。国産の無農薬のレモンを用意できれば、皮をすりおろして上からパラパラと散らすと、白、淡いグリーン、黄、と彩りも美しくなります。

◎帆立てとセロリ、大根のサラダ［材料の目安・4人分］
帆立て貝柱の缶詰（180g） 2缶
大根 10㎝
セロリ 2本
レモン（あれば無農薬） 1個

塩　適量

1 大根は5㎝厚さに切って厚めに皮をむき、それぞれ7～8㎜角の棒状に切る。セロリは筋を除き、大根と同じ大きさの棒状に切る。セロリの葉は重ねてくるくると巻いて細切りにし、軽く水洗いして水けをきる。

2 **1**の大根とセロリの茎は軽く塩(重量の2パーセント)をしておき、水けを絞る。

3 身をほぐした帆立て缶と缶汁をボウルに入れる。レモン汁を搾り入れ、**2**の材料と**1**のセロリの葉を加え、全体にさっくりと混ぜ合わせて器に盛る。

玉ねぎ

玉ねぎの面白いところは、生でいただくと薬味にも使えるほどのピリッとした刺激やシャキシャキ感があるのに、加熱すると別物のようなうまみとやわらかい甘みのある味わいになることです。どちらも大好きですので、両方の料理をご紹介しましょう。

春先から5月頃まで出回る新玉ねぎは、みずみずしくて刺激もやわらか。自然の甘みやさわやかな香りが楽しめますが、その分、水分を多く含むので傷みやすいという欠点があります。新玉ねぎはそれほど刺激はないものですが、もしも辛みを取りたければ、まるごと皮をむいた玉ねぎを半分に切り、10分ほど水につけたあと、水けをよくふき取ってからスライスします。薄く切ってから水につけると、ヌルヌルして水切れが悪くなります。

ちょっとしたことですが、いろいろ考えて自分流を探すのは楽しいものです。

① 玉ねぎのまるごとグリル

　玉ねぎを料理するというと、まず茶色の皮をむいて……と考えませんか。この料理はその必要なし。玉ねぎは洗わず、皮もむかず、切らずにそのままオーブンに入れて焼く——これが一番おいしくできる方法なのです。

　皮全体がすっかり乾き、少しだけ焦げた色に焼き上がった玉ねぎは、熱々のうちに食卓へ。フォークを入れると、ブワッと熱い湯気が立ち、中から、とろとろのおいしい玉ねぎが出てきます。

　この料理はイタリアの家で考えついたもの。私の住むウンブリア地方ではどのお宅にも暖炉やかまどがあり、薪の炎を使って肉や野菜を焼く伝統的な調理法があります。私も薪や炭でおき火を作り、玉ねぎ、にんじん、アーティチョークなどの野菜を焼いてみました。そうしたら、とてもおいしい焼き野菜ができてびっくり。

　日本でもオーブンで野菜を焼いてみると同じようにでき上がりました。この料理のよいところは、放っておけること。オーブンがなくても、厚手でしっかりふたのできる鍋があれば充分においしく焼けます。

●玉ねぎのまるごとグリル［材料の目安・４人分］
玉ねぎ　４個
塩・こしょう　各少々
ＥＸバージンオリーブオイル　適量
バルサミコ酢（好みで）　少々

1 玉ねぎは皮ごと約250度のオーブンで25〜30分焼く。皮が黒く焦げても構いません。竹串がすっと通るまで、または指で押してみてやわらかければＯＫ。

2 食べるときは焦げた皮だけをはいで、おいしいＥＸバージンオリーブオイルと海塩、こしょうでどうぞ。好みでバルサミコ酢少々をかけても。

② 赤玉ねぎとビーツの酢漬け

写真↓Ｐ７

「玉ねぎの酢漬けって、本当にベスト料理？」。けれども、私にとっては、とくに赤玉ねぎについては、大好きで絶対はずせない料理です。１〜２㎝幅のくし形に切った赤玉ねぎに塩をふり、水を加えた酢に漬けるだけという簡単レシピなのに、漬け汁ごと冷蔵庫に入れておけば日もちするし、出番も多いというお役立ち料理です。お酢の量は好みで加減しますが、酸みの少ないものなら、水を加える必要もありません。

ふつうの玉ねぎではなく赤玉ねぎを使うのは、辛みが少なく、シャキシャキしているという魅力に加え、色が鮮やかだから。赤玉ねぎは、酢に漬けることで、その赤みがさらに鮮やかになり、苦みや辛みはやわらいできます。

この酢漬け、甘酢漬けよりすっきりしていて、さまざまな料理によく合います。サラダに混ぜると味はもちろん彩りもよくなり、焼いた肉や魚といっしょにいただいてもおいしい、カレーやシチューに添えてもよいアクセントに、ワインのおつまみにもなるという万能選手。

さらに、豚薄切り肉に塩・こしょう各少々をふって焼き、その肉で赤玉ねぎの酢漬けを巻く――これだけの料理なのにおいしいことこの上なし。

◉赤玉ねぎの酢漬け［材料の目安・作りやすい分量］

赤玉ねぎ　3個

塩　小さじ1強

ワインビネガー　1½カップ

水　½カップ

また、赤玉ねぎにビーツ（赤かぶ）を加えるのも好きな食べ方です。ビーツは圧力鍋で15分ほど、串がすっと通るまでゆでて皮をむき、2㎝厚さのいちょう切りにし、塩もみした玉ねぎと混ぜます。これを酢と酸みをやわらげるための少量の水、メープルシロップをベースに好みのハーブやスパイスを加えた漬け汁に漬けます。1時間以上漬ければでき上がりですが、作りおきもOK。

ルビー色に染まった赤玉ねぎとビーツを合わせてガラス器に盛ると、その深紅の色のインパクトは絶大。ガラスの大鉢に赤玉ねぎとビーツの酢漬けを盛って、オーブンで焼いたかたまりのお肉「豚肉のポットロースト」（↓P84）などを大皿でサーブ。それにたっぷりのグリーンサラダの大皿を合わせた三品は、わが家のおもてなし料理の定番の一つです。それぞれは簡単であるにもかかわらず、ワクワクするような豪快で美しいテーブルができ上がります。男性のお客様はとくに興味を持ってくださるようで、簡単にできる作り方をお話しすればさらに会話も弾みます。

●赤玉ねぎとビーツの酢漬け［材料の目安・3〜4人分］

赤玉ねぎ　1～2個
塩　小さじ⅔
ビーツ　2個
漬け汁
　酢　⅔～1カップ
　水　¼カップ
　メープルシロップ　大さじ2
　ローリエ　2～3枚
　クローブ　5～6本
　粒こしょう　小さじ1
　ポワブルロゼ(あれば)　少々
　キャラウェイシード　小さじ½

かたまり肉を酢漬けの野菜とともにいただくという食べ方は、私がロンドンで出会い、虜になった中東の料理ではポピュラーなものです。中東では、コースの始まりに酢漬け風の野菜が出てくることが多いのです。大きな皿に巨大な唐辛子や玉ねぎやビーツのようなかぶのピクルスなどがたっぷり盛られ、目の前に並びます。

次にスパイスをすり込んで焼いた肉料理が出てきますが、これが酢漬けの野菜とよく合います。それぞれはきわめてシンプルな料理ですが、中東ではスパイスのきいた肉料理に酢漬けにした野菜は欠かせません。酢漬け野菜は青背の魚のグリルなどにも合います。さっと焼いた肉や魚にはじつはソースは不要で、つけ合わせの酢漬け野菜と一緒に食べることで、味のアクセントになり、栄養のバランスも取れるということです。

ここで紹介した赤玉ねぎやビーツはお酢につけると、深紅の美しい色に仕上がるのですが、そこでさらに真っ白のサワークリームを添えると、色も引き立ち、味のバランスもよく、食欲が増します（写真↓P7）。

真っ赤なトマトに象徴されるように、夏は赤い食べ物がおいしい季節です。一方、この赤玉ねぎの酢漬けは赤と言っても濃い深紅で、夏には食べたくなる色ではないのです。ところが、秋めいてくる頃になると、不思議とこの深紅の酢漬けが食べたくなってきます。やはり、食べ物の微妙な色は食欲と深くかかわっている、と実感させられる一品です。

◉豚肉のポットロースト［材料の目安・作りやすい分量］
豚ロースまたは肩ロース肉（かたまり）　500g

塩　大さじ1弱
こしょう　少々
タイム、ローズマリー　各適量
EXバージンオリーブオイル　大さじ2〜3

豚肉の表面に塩・こしょうとハーブをすり込み、厚手の鍋にEXバージンオリーブオイルを熱し、肉の全体に焼き色をつける。しっかりふたをして、弱火で45〜50分蒸し焼きにする。中心に串を刺して赤い汁が出てこなければOK。ふたをしたまま冷ます（余熱で火を通す）。少し休ませてから切り分ける。

③ 玉ねぎフライ

たいていの野菜は揚げるとおいしくなりますが、とくに玉ねぎはそうです。生の玉ねぎの苦みや辛みが全部消え、甘みだけが残ります。それがカリッとした衣とマッチして、あとを引くようなおいしさに。これこそフライの醍醐味です。

ポイントは、あまり細かく切らないこと。輪切りでもくし形でもいいのですが、大きめに。輪切りなら厚さ1㎝以上に切ることです。大きく切っても火が通りやすいので大丈夫。

また、表面がツルリとして衣がつきにくい場合には、小麦粉をうっすらとはたき、卵液をしっかりつけ、衣を二度づけします。ふつうに小麦粉、溶き卵、パン粉の順に衣をつけたあと、さらに溶き卵とパン粉を繰り返しつけるのです。

もう一つ、良質のEXバージンオリーブオイルを使って揚げるのもコツです。EXバージンオリーブオイルは油の質が落ちにくいので、カラッとおいしく揚がり、冷めても味が落ちにくいのです。「揚げ物のおいしさは油のおいしさ」ということを証明しているようなお話でしょう。

そして、このフライにはウスターソースをかけていただくのもいいのですが、塩をふっただけで充分おいしいのです。ぜひお試しあれ。

●玉ねぎフライ［材料の目安・4人分］

玉ねぎ　大2個

小麦粉、溶き卵、パン粉　各適量

揚げ油　適量

塩　少々

1　玉ねぎは皮をむき、大きめに切る。

2　小麦粉をまぶし、溶き卵をくぐらせてパン粉をつける。パン粉はフードプロセッサーなどで細かくして使うと、口当たりがよくなる。

3　揚げ油を170度くらいの中温に熱し、衣をつけた玉ねぎを入れる。上下を返しながらパン粉がほどよいきつね色になるまで揚げる。

［もう一言］万能！　玉ねぎドレッシング

これがあると、どの季節でも野菜がたっぷり、おいしくいただけるというわが家の定番「玉ねぎドレッシング」。玉ねぎ小1個、中なら2分の1個を粗く刻み、米酢3分の2カップ、EXバージンオリーブオイル3分の2カップ、好みでにんにく1〜2片、塩小さじ1と2分の1、黒粒こしょう小さじ1とともに筒形のガラスびんに入れ、ハンドミキサー（バーミックスなど）で全体が白っぽく、とろりとなるまで攪拌。これで終了。

一日おくと、玉ねぎがまろやかになり、いっそうおいしくなります。お好みの野菜2〜3種類を合わせて玉ねぎドレッシングでいただいてもいいですし、焼いた肉や揚げた魚を加えれば、野菜もたっぷりとれるしっかりした主菜に。うちではハンバーグやソテーした魚、ミートローフにかけるのがお気に入りです。

このドレッシングの塩味を少し控えめに作り、しょうゆ少々を加えても美味。これさえあれば、今日は野菜を食べたいというときに、とりあえずありあわせの野菜を刻めばすぐに食べられるので便利。野菜、肉や魚に限らず、えびやいかのゆでたものとも相性がいい絶品ドレッシングです。

④ 新玉ねぎのまるごとスープ 写真↓P6

この料理はふつうの玉ねぎでもできますが、シャキッとしている新玉ねぎが最適です。１人分としてまるごと1個を使います。

皮をむいた新玉ねぎを、ひたひたのスープストックの中で、ひたすら弱火でコトコト煮ます。スプーンでちぎれるくらいまでやわらかくなったら、仕上げに塩・こしょうを。時間はかかりますが、手間はかからない料理です。最後に、パセリかセロリの葉を細かく切ってパラリ。彩りがよくなるとともに、より香り高くいただけます。

玉ねぎ独特のとろけるような自然の甘さはまさに季節限定の味わい。あの玉ねぎが、煮込むだけでどうしてこんなに甘くなるのかと不思議に思うほどです。

このスープのスープストックには、チキンなどのさっぱりしたスープがおすすめです。

［もう一言］　一石二鳥のチキンスープのとり方

チキンスープをとるときは鶏手羽先を蒸して作ります。簡単なうえに、スープと蒸し鶏が一度にできるのも魅力です。鶏を蒸すための水に、お好きな香味野菜を加えます。洋風の料理のためのスープをとるなら、セロリ、玉ねぎ、にんじん、パセリ、にんにくなど。ミニトマトを入れても酸みのあるおいしいスープになります。中華やエスニックの料理のためのスープなら、ねぎやしょうが。鍋の中に蒸気が上がってきたら、塩をすりこんだ鶏手羽先を入れて蒸し上げます。

ゆでると鶏肉に水が入りますし、スープもこれほど濃くはとれません。けれども、蒸せば肉に水が入りすぎることもなく、しかも蒸すために入れた水には、鶏の肉汁がしたたり落ちて、きれいに澄んだ濃いスープに変わります。まるごと一羽の鶏や骨つきの鶏肉でも、同じように蒸しておいしいスープをとることができます。

にんじん

手に入りやすい野菜ですが、旬は秋から冬。この季節のにんじんはとくにおいしくて大好きです。有機栽培のものを求めて、皮をむかずに料理してみてください。野菜の皮の下の身は、その野菜本来のおいしさをいちばん濃く持っています。ひげ根をとるくらいにとどめ、皮をむかずに大きく切って、時間をかけて料理してみると、独特のあの味と香りが、愛すべき魅力に変わっているのがわかるでしょう。

にんじんは鮮度や品質によって味に差がでやすい野菜です。切り口が芯の部分までしっかり赤いことを確認して求めましょう。肩の部分が緑がかったものは避けること。切ったときに中が白っぽく乾いたものは味わいも薄いものです。葉の切り口の軸が小さいほうが、中までやわらかいようです。

にんじんは、あの細かい葉もおいしい食材です。やわらかければ、そのまま天ぷら、おひたし、炒め物などに。かたいものならゆでてみじん切りにし、いりごま、焼きみそを加えて、まな板の上でいっしょに包丁で叩きます。こうすると、おつまみに、ご飯やおにぎりの具に最適です。

① 鶏肉とにんじんのポトフ

にんじんをできるだけ大きく切って骨つきの鶏肉と一緒に、弱火でコトコトと、やわらかくなるまで煮ていきます。にんじんの甘みを存分に味わいたいので、甘みが逃げないように大きいまま煮込みます。大きければ大きいほどよく、できればまるごと皮つきで。時間はたっぷりかかりますが、火にかけてしまえば手間いらず。家の仕事が忙しい日のお助け料理とも言えます。

味つけは塩・こしょうだけ。玉ねぎ、キャベツ、じゃがいも、セロリなどどれを入れてもいい——と気楽に取りかかってください。

にんにくとローリエは必ず入れます。にんにくはできれば薄皮をつけたまま入れると、長く煮てもあとで取り出せます。

●鶏肉とにんじんのポトフ［材料の目安・４人分］
骨つき鶏もも肉（ぶつ切り）　２本分

玉ねぎ(大)　1個
にんじん　4~5本
にんにく(皮つき)　2片
黒粒こしょう　大さじ1
ローリエ　2~3枚
塩　適量

1 にんじんは皮をよく洗う。好みで皮をむいたり、半切りにしてもOK。玉ねぎは皮を取り、二つか四つに切る。

2 鍋に**1**のにんじんと玉ねぎ、骨つき鶏肉、皮つきのにんにく、黒粒こしょう、ローリエを入れ、充分に材料がかぶる程度の水を加えて火にかける。

3 最初は強火で煮立ったら火を弱めてふたをし、コトコトと45~50分ほど煮る。途中、アクを丁寧に取る。

4 にんじんがスプーンで簡単に切れるくらいやわらかくなったら、塩を加えて味を調える。器に盛る前に皮つきのにんにくを取り出しておく。

②にんじんのまるごとグリル

「玉ねぎのまるごとグリル」（↓P79）もそうですが、イタリア中部で日常的な「まるごと焼く」方法は、野菜の野生の魅力をよく伝える料理法だと思います。ここで紹介する「にんじんのまるごとグリル」もそうです。

料理といっても、よく洗ったにんじんを200〜220度のオーブンで、表面に焦げ目がつくまでひたすら焼くだけ。串がすっと通ればでき上がり。それだけでにんじん本来の甘みが強く感じられる素敵な一皿になるので、やみつきになってしまいます。オーブンの代わりにストウブや無水鍋などの厚手の鍋でもおいしくできます。

野菜のグリルはいろいろな野菜に応用できて、いも類、ズッキーニ、かぼちゃ、ピーマンなど、時には何種類か組み合わせて作ります。味つけもEXバージンオリーブオイルと塩を基本に、バルサミコ酢やレモン汁をかけたり、黒こしょうやハーブをアクセントにしたり。皮もむかず、オーブンに入れさえすれば、あとは時間がおいしくしてくれる、とてもいい調理法です。この料理には白でも赤でもワインがぴったりです。

◐にんじんのまるごとグリル［材料の目安・4人分］
にんじん（小ぶりのもの）　4本
塩・こしょう　各少々
EXバージンオリーブオイル　適量

［もう一言］ミニにんじんで作る本当においしい「にんじんのグラッセ」

茨城県石岡市にある田中農園の田中庸介さんは、自然農法で手塩にかけて野菜を作る、若い生産者さんです。この田中さんの作る野菜の一つに、夏に採れる小ぶりなにんじんがあります。ピーターラビットが食べているような形のにんじんです。

このにんじんを使ってグラッセを作ってみました（写真↓P8）。皮や根もつけたまま、耐熱皿に並べ180度のオーブンで素焼きにします。焦げ目がついたら、最後にバターとメープルスプレッドをからめて、さらに少し焼きます。簡単な料理ですがとてもおいしく、にんじんそのものを楽しむかわいらしい一品料理になりました。

もともとにんじんのグラッセは、肉料理に添えらる伝統的なつけ合せです。ラグビーボールのような形に切ったにんじんをバター、砂糖、塩を加えた水で煮て、つややかに仕上げます。それに比べると、この田中農園のにんじんのグラッセは野趣溢れる佇まい。だからこそ味わい深く、また一つにんじんの楽しみが増えたと、ひそかに気に入っている料理です。

田中農園・ペトラン　☎090－5569－0633　http://tanakanouen-petrin.com/
★私が毎日いただいている野菜は田中農園のものです。

③ にんじんのせん切りサラダ

このサラダのにんじんは千六本より少し太めのせん切りにします。というのは、甘酸っぱいドレッシングで半日〜1日以上マリネしておくので、あまり細いとクタッとなりすぎてしまうからです。

ドレッシングの材料はEXバージンオリーブオイルにメープルビネガーと塩・こしょうです。メープルビネガーは、サトウカエデの樹液をぶどう酵母で熟成させて作るさっぱりしたお酢、後味にメープルの風味がほんのり香ります。そこに細く切ったにんじんを加えて、しんなりするまでマリネしておきます。

このサラダは作ってすぐより、少し時間をおいたほうが味がなじんでおいしくなります。

同じ「にんじんのせん切りサラダ」でも、にんじんを極細に切って、時間をおかず、生のシャキッとしたところを味わうサラダもありますが、こちらは、EXバージンオリーブオイルにレモン汁と塩・こしょうを加え、パセリを細かくみじん切りにしたものをたっぷり加えたドレッシングでいただきます。

同じにんじんサラダでも、切り方や調味料が変わると、まったく違う仕上がりになると実感できます。

◎にんじんのせん切りサラダ［材料の目安・2人分］

にんじん　2本

ドレッシング

メープルビネガー（または白ワインビネガーに蜂蜜を加えたもの）　大さじ3～4

EXバージンオリーブオイル　大さじ2～3

塩・こしょう　各少々

★シャキッとしたにんじんのせん切りサラダに用いるパセリ入りレモンドレッシングは、メープルビネガーの代わりにレモン汁大さじ3とパセリ3～4本を用います。

ねぎ

わが家では、ねぎはなくてはならない野菜です。薬味にはもちろん、炒め物や煮物……と毎日のように使います。

冬になると甘みと風味を増すねぎは、体を温め、昔から風邪の予防や疲労回復にも効果があると言われてきました。長ねぎは白い部分しか食べないという人もいますが、栄養は緑の葉の部分のほうが豊富だそうです。緑の部分も細く刻んでかき揚げにしたり、もみ洗いして薬味にするときれいです。この部分はスープをとるときにも使います。

また長ねぎのみじん切りは、茎の白い部分に縦に何本か包丁で切れ目を入れてから切るときれいにできます。

① ねぎ卵炒め

ねぎと卵さえあれば、本当に手軽にできて、しかもとてもおいしいので、忙しい日のわが家のお助け料理の一つです。卵をふんわり仕上げるのがおいしさの秘訣ですが、そのためには、いくつかコツがあります。

まず卵を溶くときは菜箸を垂直にし、ボウルの底に菜箸の先をつけたまま直線的に動かし、かき混ぜるのでなく白身を切るようにおおまかに溶きます。

使うのは中華鍋。煙が出るくらいに熱した鉄の鍋に油を入れ、溶き卵を流し込んだら3秒ほどそのまま動かさないこと。周囲がふわふわと持ち上がってきたらヘラで卵を下から持ち上げ、2〜3回大きく返すように混ぜて仕上げます。

ふんわり焼いた卵は取り出し、同じ鍋でねぎを焼き、しょうゆを回しかけて、ねぎのしょうゆ焼きができたところに、卵を戻し入れ、ざっくりと合わせます。

●ねぎ卵炒め［材料の目安・2〜3人分］
卵　3〜4個
長ねぎ　1本
ごま油またはサラダ油　大さじ2
しょうゆ　大さじ1
塩　少々

1　ねぎは大きめの斜め切りにし、卵は割りほぐして塩を加え混ぜる。

2　中華鍋を熱して油の半量を入れ、1の卵液を入れてふんわりと焼き、取り出しておく。

3　残りの油を入れ、ねぎの両面に焼き色がつくまで炒め、鍋肌からしょうゆを入れる。

4　すぐに2の卵を戻し入れ、卵が固まらないようにさっと合わせて器に盛る。

② 揚げかまぼこのねぎサラダ 写真→P9

かまぼこをごく薄く切って揚げると、いつものかまぼことまったく違う食感になります。

ねぎとの相性はよく、この二つを合わせるとけっこうな量のかまぼこもすぐに食べてしまいますので、お正月などに残ったかまぼこのよい食べ方だと思います。

長ねぎは白髭ねぎにします。一年中出回っているねぎですが、やはり真冬が一番おいしい季節。冬の長ねぎは巻きがしっかりしているので芯まで使えますが、旬の時期でないねぎは、芯を取り除いてから細く切ってください。

長ねぎは繊維に沿ってせん切りにしたあと、できれば氷水にさらしてください。くるくるっと丸まり、ねぎの刺激がとれ、口当たりも軽くなります。この料理にはねぎをたくさん使うので、さらさないと負担になるかもしれません。さらした白髭ねぎは野菜の水きり器を使って、しっかり水けをきることも忘れずに。

私はかまぼこ特有の甘みが苦手なのですが、揚げると独特の食感の好物に変身します。それをシャキッと仕上げたねぎと一緒に楽しむこの料理、ビールのつまみにぴったりですが、お酒のあとのご飯にちょっとのせていただいてもおいしいのです。

◎揚げかまぼこのねぎサラダ［材料の目安・4人分］

かまぼこ　1枚
長ねぎの白い部分　2本分
揚げ油　適量
しょうゆ　適量
七味唐辛子　少々

1 長ねぎは繊維に沿ってせん切りにし、冷水につけてパリッとさせ、白髪ねぎにする。かまぼこはできる限り薄く切る。

2 **1**の白髪ねぎの水けをしっかりきり、ボウルに入れる。

3 揚げ油を中温（170度）に熱して**1**のかまぼこを入れ、縁が茶色くなってカリッとするまで揚げる。かまぼこは油に入れたら、くっつかないように、すぐに全体を混ぜる。

4 かまぼこの油をきり、**2**のボウルに入れてしょうゆと七味唐辛子を加え混ぜ、器に盛る。

★揚げかまぼこのもう一つの楽しみ方。さいの目に小さく切り、実山椒とともに混ぜご飯に。これも美味。

③ ねぎと油揚げの刻みうどん

このうどんはねぎと油揚げを、とにかく細くせん切りにして使います。ねぎも油揚げも、うどんのもっちりしたやわらかさとよく合います。少し手間がかかりますが、両方とも丁寧に細く切ることが、この料理の唯一のポイントです。

ねぎは青ねぎを。白いねぎでもいいのですが、できれば青ねぎかわけぎを用いると、色もやわらかさもうどんに合うと思います。たっぷりの青ねぎを小口切りにし、冷水につけます。これをふきんに取って流水でもみ洗いし、ギュッと水けを絞ると青くささがすっかりとれて、軽い感じになるのです。

ぬめりをとった青ねぎと細く細く切ったやわらかい油揚げがうどんにぴったり。もちろんおいしいだし汁は必須です。私は煮干しのだしかかつお節のだし（↓P281）を使います。濃い目にとっただし汁が青ねぎのおいしさを引き立てます。

●ねぎと油揚げの刻みうどん［材料の目安・2～3人分］

手打ち生うどん　3玉
青ねぎ　3～4本
油揚げ　1枚
煮汁
だし汁　5カップ
塩　小さじ1½
しょうゆ　小さじ1
酒　大さじ1
七味唐辛子(好みで)　少々

1　青ねぎは小口切りにして氷水につけ、ふきんに取って流水でもみ洗いしてぬめりを取り、よく絞る。油揚げは熱湯を通して水分をしっかりきり、2枚にはがし、縦二つに切り、重ねて小口からごく細く切る。

2 生うどんはたっぷりの熱湯でゆでてざるにとり、各自の器に盛る。

3 鍋に煮汁の材料を煮立て、**1**の油揚げを加えてさっと煮て**2**の器に注ぎ、青ねぎを盛る。お好みで七味唐辛子をふってどうぞ。

もやし

「もやし」は漢字で「萌《も》やし」と書くのだそうです。いつからか豆類や米、麦、野菜の種子を水に浸し、日光を遮断して発芽させた若芽をそう呼ぶようになりました。

安価で使いやすい野菜ですが、傷みやすく日もちがしないので購入したその日のうちに使いきりたいものです。保存するとしても、冷蔵庫に入れ1〜2日で使いきります。

少し手間はかかりますが、根のついているふつうのもやしは、1本ずつ手でひげ根の先端を除きます。この一手間で格段に口当たりがよく、仕上がりもきれいになります。

もやしはそのシャキシャキした歯ざわりが命。冷水につけて少しおき、強火で短時間で加熱するのがおいしさのコツです。

①　もやしだけの炒め物

新鮮なもやしを強火でジャッと炒めた、ただそれだけの炒め物ですが、とてもおいしいのです。私は他の野菜を加えず、もやしだけで作るのが好きです。とはいえ、もやしの味の引き立て役として、にんにくまたはしょうがは使います。

もやしは、必ずひげ根を取り除きます。日もちがしないもやしですが、とくにひげ根の部分は傷みやすく、少しおくとすっぱい臭いがしてきます。

そして、余熱でも火が通るので、炒めすぎないよう、少し早いかなと思うくらいで火を止めます。炒めるのは食べる直前に、というのも気をつけていることです。

◎もやしだけの炒め物［材料の目安・2人分］
もやし　1袋(250g)
にんにくまたはしょうが　1片
ごま油(またはEXバージンオリーブオイル)　大さじ1
塩・こしょう　各適量

1 たっぷりの冷水にもやしを入れて軽く洗い、浮き上がった豆の皮は丁寧に除く。ひげ根を取り、ざるに上げて水けをきる。

2 にんにくなら包丁の腹で押さえて叩きつぶし、しょうがなら皮ごとせん切りにする。

3 大きい底の広い鉄のフライパンを煙が出るほど熱してから、ごま油（またはEXバージンオリーブオイル）を入れ、弱火にしてにんにくまたはしょうがを入れる。

4 にんにくまたはしょうがの香りが立ったら1のもやしを入れて鍋いっぱいに薄く広げる。もやしを入れてからは強火にし、動かさずに30秒、上下を返して、軽く塩・こしょうをふる。

② バインセオ　写真↓P10

かつて足しげくベトナムに通った時期がありました。エキゾチックなベトナムの器や雑貨を買い求めたり、未知の食材を探したり、ベトナムに魅せられた理由はいろいろでしたが、「バインセオのため」というのもその一つです。

初めて訪れたベトナムで最初に食べたのがこのバインセオ。見たことも聞いたこともない料理に衝撃を受けました。見た目は、お好み焼きかオムレツのようですが、外の皮はパリパリに薄く香ばしく、口に入れるとモチッとしておいしいのです。あとで知ったのですが、この食感は皮に米粉（米の粉）を入れているからだそうです。

二つ折りにした皮のすきまからは、あふれんばかりのもやしがのぞいています。このもやしにはシャキッとした歯ごたえが残っています。バインセオはもやしに火が通りすぎてしまうと、おいしくないのです。ほかにもえびや豚肉、玉ねぎなどがたっぷり。

一つの料理にこれだけバランスよく野菜や肉・魚介類が入っているのはまれなことですが、さらに4～5種類の葉（香草）でくるんでいただくので、これだけ食べたら栄養的にはパーフェクトです。何よりもおいしいので、本当にいい料理だと感心しました。葉で包み、甘酸っぱくて辛いヌクマム入りのたれをつけていただくと、やみつきになります。

日本でバインセオを出すベトナム料理の店ができると、すぐに駆けつけましたが、そのたびにがっかりすることになりました。ベトナムで食べたあのバインセオではなかったのです。

その頃のベトナムではバインセオは屋台の〝バインセオ屋〟に食べに行くものでし

た。たいてい店は狭い小路にあり、奥の座席にお客が座り、焼き係のおばさんのまわりにはカンカンに熾《おこ》した炭のコンロが5〜6個置かれています。そのどれもに使いこんだ鍋がのっていて、おばさんが手際よく材料を放り込みながら次々とバインセオを焼き上げる姿が、とても面白かったのです。

「ああ、自分でも作りたい！」と心底思いました。ですが、当然のことながらレシピなんてありません。そこで、何とかして目で見て覚えようと、おばさんの手元を観察しました。よくよく見るのですが、帰国して作っても思ったようにできなくて、また確かめに行く。写真を撮ってきたけれど作り方はよくわからず、ついにはビデオまで持ち出して、それでもうまくいかない……。

バインセオ屋では、フライパンのような平たい鍋底でなく、丸みのある中華鍋のような鍋を使い、炭火の入ったコンロに、鍋の底全体を収めるようにして焼いています。これが、ベトナムのバインセオの味を決める一つの要因だと思います。東京のキッチンではガス火なので、味を再現するのはとても大変でした。

中華鍋の底全体に火を行き渡らせたり、くるくる回しながら作ってみたり、挑戦と試行錯誤を繰り返し、その結果、まったく同じではありませんが、これならば……と思うものが作れるようになりました。

バインセオを上手に作るコツは、皮をパリッと焼くことと、鍋をよく動かして全体にむらなく火を通すこと。大きく作るのが難しいようなら、小さく作りましょう。皮は卵だけで作ってもよいでしょう。バインセオではなく、ベトナム風オムレツになります。

私は日本でバインセオを作るときは、シャッキリ感を残すため小大豆もやしを使います。

●バインセオ［材料の目安・3〜4個分］

生地

米粉　⅔カップ
ココナッツミルク　2カップ
卵　2個
ターメリック（あれば）　小さじ1

豚薄切り肉（細切り）　200g
むき小えび　200g
玉ねぎ　1個
小大豆もやし　1袋
しめじ　1パック
青ねぎ　2〜3本

サラダ油　適量
ヌクマム、こしょう　各少々
香り野菜（バジル、ミント、大葉、香菜など）　各適量
つけだれ
　ヌクマム　大さじ3
　酢　大さじ2〜3
　メープルシロップ（エキストラライト）　大さじ2（または砂糖　大さじ1½〜2）
　水　大さじ2〜3
　にんにく（みじん切り）　1片分
　赤唐辛子（細切り）　1〜2本

★米粉がない場合は、水につけた長粒米（インディカ米）をミキサーでひいて作る。それが無理な場合は、食感と風味は少し変わるが小麦粉で代用を。

1 米粉をココナッツミルクと卵液で溶き、あればターメリックを加え、よく混ぜて、30分くらいねかせ、生地を作る。つけだれの材料を混ぜ合わせておく。

2 豚肉と小えびはそれぞれ軽くゆで、玉ねぎは薄切りにし、もやしは水洗いをする。しめじは石づきを取ってばらし、青ねぎは斜めに切る。

3 中華鍋を火にかけ、油をよくなじませる。火は終始弱火で、まず**2**の豚肉と小えびを炒めて、ヌクマムとこしょうで味をつけ、取り出す。鍋全体をよく熱して油

を流れるくらい入れてなじませる。1の生地を流し、鍋をまわしながら生地を薄くひろげ、鍋肌にはりつかせる。生地全体にムラなく火が当たるように鍋を動かす。

4　中華鍋の生地全体に3の豚肉と小えび、2の玉ねぎを散らす。しめじ、青ねぎをのせ、その上に水けをよくきったもやしを全体に散らし、ふたをしてもやしに軽く火を通す。

5　ふたを取り、焦げつかないようにときどき鍋底にフライ返しを差し入れながら、生地にこんがりと焼き色がつく程度まで焼き、縁《ふち》がパリパリになったら半分に折って皿に取る。

6　香り野菜をさっと洗って別器に盛り合わせ、5の皿に、1のつけだれとともに添える。

③ もやしのカレーマリネ

もやしは生では何日ももちませんが、マリネにすれば保存できる期間が長くなります。もともと切ったり皮をむいたりする手間もない野菜ですから、すぐに取りかかれます。冷蔵しておけば、そのまま食べたり、中華の焼きそばにのせたり、焼いた肉といっしょにいただいたり、常備菜としていろいろ使い回せます。

◎もやしのカレーマリネ［材料の目安・1袋分］
もやし　1袋(250g)
マリネ液
カレー粉　大さじ½～1
EXバージンオリーブオイルまたはごま油　大さじ1
米酢またはワインビネガー　大さじ1～1½
塩　小さじ½
こしょう　少々

★カレー粉を入れず、ごま油やしょうゆでマリネにしても。さっぱりといただくために、お酢は必ず。

1　たっぷりの水にもやしを入れて軽く洗い、ざるに取り、ひげ根を除いておく。

2 ボウルにマリネ液の材料を入れ、よく混ぜ合わせる。

3 鍋に熱湯を煮立てて**1**を入れ、シャッキリ感を残してゆで、ざるに上げる。

4 ゆでたもやしが熱いうちに**2**のマリネ液とあえ、30分以上おいて味をなじませる。

春から夏の野菜

きゅうり

きゅうりはもぎたてのみずみずしさが命。時間がたつと、せっかくの食感や味がどんどん落ちてしまいます。鮮度にこだわって入手し、そして早く使いきること。保存するなら、塩をするか、天日に干します。塩もみきゅうりや干しきゅうりは、料理のレパートリーを驚くくらい広げてくれます。

塩をする場合は、お好みの形に切ってから、塩をまぶし、保存容器に入れて冷蔵庫へ。きゅうり100グラムに対し塩小さじ1の割合で、3〜4日は保存可能です。

干す場合は、厚さ5㎜程度の斜め薄切りにし、重ならないように平らなざるに並べ、日ざしの強い夏なら2〜3時間、冬なら1日ほど干して、しんなり半干しに。このとき目の粗いざるを使うのがおすすめです。目のつんだざるを使うなら、ときどき上下を返しますが、目が粗いざるなら、その手間はいりません。干しきゅうりは、水分が抜けているので火の通りがよく、独特の歯ざわりと存在感のある味わいが楽しめます。

すぐ使う場合も、青臭さや余分な水分を除き、適度な下味をつけるため、私は塩もみをします。薄切りの場合は絞るとくずれるので、塩水につけ、水けをきって使います。

①塩もみきゅうりのサンドイッチ

きゅうりのサンドイッチといえばアフタヌーンティの定番ですが、イギリスのきゅうりは、ゴーヤくらい長くてゴツいのです。これをスライスしてパンにはさんだだけのサンドイッチは、日本のおいしいきゅうりに慣れた私には、あまりおいしいとは思えません。そもそも日本のきゅうりで同様に作ってみても、今一つ。それがある時、塩もみしたきゅうりをはさんでみたら、とてもおいしかったのです！　きゅうりの切り方、塩もみの方法、はさみ方などにどんどん改良を加え、今の形になりました。種とそのまわりのゼリー状の部分を除き、薄切りにして塩でもんだきゅうりをたっぷり使って、シコシコ、パリパリッとした、ボリューム感たっぷりのサンドイッチです。

きゅうりに限らず塩もみにすると野菜のかさは驚くほど減りますが、このサンドイッチも食パン1セット（2枚）に対し、きゅうり2〜3本が入ります。作るのは大変ですが、その分おいしいと思います。

きゅうりは塩でもむとどんどん水分が出てきます。それをさらしのふきんでぎゅっと絞ります。私は4〜5回、繰り返し絞り、最後にパンにはさむ直前にもう1回仕上げに絞ります。水分が多いきゅうりは、いったん傷むとすぐ腐り始めます。ですが、新鮮なうちにまず水分を出すと、香りも歯ごたえもよくなっておいしくなるのです。

このサンドイッチのコツはもう一つ、おいしいバターをたっぷりぬること。バターの味わいはサンドイッチのおいしさを左右しますので、ここはよいものを。

あっという間に食べ終ってしまうわりには、手間のかかるサンドイッチ。でも一度作るとおいしいので、また作りたくなるサンドイッチです。

◎塩もみきゅうりのサンドイッチ［材料の目安・2人分］

きゅうり　6〜7本
塩　大さじ1強
食パン（サンドイッチ用）　4〜6枚
無塩バター　適量
★塩の量はきゅうり100gに対し、塩小さじ1の割合で。

1 きゅうりは縦半分に切って種の部分を除き、斜め薄切りにしてボウルに入れる。

2 分量の塩をふり、軽くつかむようにしてもみ、15〜20分おいて出た水分をよく絞る。

3　サンドイッチ用の薄い食パン4〜6枚にバターをたっぷりぬり、2〜3枚に**2**をたっぷりのせる。

4　残りのパンでサンドイッチにしたら、ラップでしっかり包み、10分ほどおいてなじませる。

5　1セットを各々4等分に切り分けて器に盛る。

②　塩もみきゅうりといり卵の餃子

写真↓P11

中国の天津《てんしん》で、地元の人が食べにくるような餃子屋さんに入ったら、その店の水餃子がとてもおいしくてびっくりしました。とくに卵ときゅうりの餃子をお酢で食べるのが、とびきりの美味なのです。日本で餃子というとすぐに焼き餃子を思い浮かべますが、中国の国民食とも言える餃子は水餃子や蒸し餃子が中心。この店の餃子は、ほかにもひき肉入りのもの、トマトと魚のすり身と香菜《バクチー》が入ったようなもの、よもぎのような青菜の濃いグリーンの中身のものなど、どれをとっても私の好きな具の水餃子ばかりで、うれしくなりました。

中国の人たちは餃子を頼むとき、「1斤!」とか「2斤!」と叫びます。どうもそれは1斤分の粉を使った餃子のことらしいのですが、パン1斤というと粉は250〜300グラム、それで作った餃子は大皿に山盛りです。一人なのに1斤注文する人もいて、食べきれない分は当たり前のようにビニール袋に入れて持ち帰ります。

天津には1週間ほど滞在しましたが、何だか顔が丸くなったようで、おいしいけれど、「食べすぎにはご注意」の餃子です。

わが家では餃子は皮から作りますが、この塩もみきゅうりといり卵の餃子はごく薄い皮で包みたいので市販品を使いました。具にはミニトマトを1個入れてもいいです。さっぱりしておいしいし、彩りもきれいです。

◎塩もみきゅうりといり卵の餃子［材料の目安・30個分］

きゅうり　4本
塩　大さじ1
卵　4個
塩、ごま油　各少々
餃子の皮(小)　30枚
たれ
─しょうゆ　大さじ3½

酢　大さじ1½
ごま油　大さじ1
おろしにんにく　1片分
豆板醤　小さじ1

1 きゅうりは厚さ3㎜程度の薄切りにし、塩でもみ、さらしのふきんでよく絞る。
2 卵は塩少々を加えて溶き、いり卵を作り、冷ます。
3 餃子の皮に**1**と**2**を等分にのせ、皮の縁全体に水少々をつける。中身がはみ出さないようにして半分に折り、縁を押さえてくっつける。
4 たっぷりの湯に**3**の餃子を10個ずつ入れ、中火でゆでる。浮いてからさらに2～3分、そのまま加熱してゆで汁ごと器に盛り、たれを添える。残りの餃子も同様にする。器にゆで汁ごと盛ると熱々のまま食べられます。

③ 干しきゅうりと豚肉のさっと炒め

日々台所に立つと野菜は必ず残ります。一袋を使いきれなかったきゅうり、厚くむいた大根の皮、半分残ったにんじん……こういう野菜をおいしく、ちゃんと食べきりたくて、ゆでたり、冷凍したり、漬け物にしたりしていました。でもどれも決定的な解決方法にはなりません。ある時、ふとイタリアのセミドライトマトを見て、野菜を干してみたらどうかと思いました。和食に使う干ししいたけや切り干し大根のようにカチンカチンに乾燥させなくても、半干し状態にしたらいいのでは、と。しんなりする程度に水分が残っていれば、水で戻さなくてもすぐに使えるし、何よりもかさが減るのでたくさんいただけるでしょう。そのうえ、干すとうまみが凝縮されますし、独特の歯ごたえも生まれます。

今ではいろいろな野菜を干して料理していますが、最初に干したのはしいたけや大根、そしてきゅうり。きゅうりを選んだのは、以前、古い本に出ていた江戸料理の〝瓜《うり》の雷干し〟というのを読んで、おもしろいと思ったからです。雷干しというのは、瓜の皮をぐるぐると螺旋状に切って軒下にぶら下げて干すと、その形が雷の稲妻のように見えるところからついた名前。この名の由来には諸説あるようで、干してできたものが雷太鼓に似ているからという説もあります。毎年、瓜の雷干しを作ってその歯ごたえを楽しんでいたので、「きゅうりは干すと絶対においしい！」と確信していたのです。

　干しきゅうりは、酢の物にしてもサラダにしてもいいのですが、これを炒め物にすると、とてもおいしいおかずになります。生のきゅうりを炒めてもあまりおいしくありませんが、干して水分を飛ばしたきゅうりなら、シコッとした快い食感が味わえ、味もきちんと締まります。

　とくに好きなのは干しきゅうりと豚薄切り肉の炒め物。この一皿を味わうと、きっと火を通したきゅうりにやみつきになると思います。味つけはここで紹介するしょうゆに塩・こしょう味でもいいですし、しょうがと炒めて酢じょうゆで味つけしても美味なのです。

●干しきゅうりと豚肉のさっと炒め［材料の目安・4人分］
きゅうり　4本
豚薄切り肉　100g
にんにく　1片
ごま油　大さじ2
A
しょうゆ　大さじ1程度
酒　大さじ1
こしょう　少々

1 きゅうりは5㎜厚さ程度の斜め切りにし、夏なら天日に2〜3時間干す。

2 豚肉は1〜2㎝幅に切り、にんにくはみじん切りにする。

3 フライパンにごま油を熱してにんにくを炒め、香りが出てきたら**2**の豚肉も入れてカリカリになるまで炒め、Ａの調味料を加えて味を調える。

4 さらに**1**を加え、さっと炒め合わせる。

グリーンアスパラ

グリーンアスパラは穂先が締まって緑が鮮やかなものを選び、新鮮なうちにゆでましょう。沸騰したたっぷりの湯に塩ひとつまみを加えて、まず穂先を何本か持って立たせるようにして根元を湯につけます。10～15秒数えたら、全体を横にして湯に沈め、色が鮮やかに変わったらざるに上げ、冷水につけて色止めをします。涼しい日は、冷水につけずに室温で冷ます「おか上げ」にしたほうが甘みが感じられます。

根元がかたい場合は1～2cm包丁でカットするか、手でポキンと折って。さらに根元の3分の1くらいを、包丁やピーラーを使って薄く皮をむきます。三角形のはかまも取り除いてからゆでると、筋っぽさやゴワゴワした部分がなくなり、よりおいしくいただけます。

1 焼きアスパラガスのおひたし

グリーンアスパラは本来、塩ゆでしてすぐに食べるか、軽く塩・こしょうで炒めるのが、いちばんおいしいと思います。このようにシンプルな料理にこそもっともその素材のもつ味わいが現れるという野菜がいくつかあり、アスパラガスやさや豆などは、まさにそう。

この料理ではグリーンアスパラをほどよい焦げ色がつくまで網焼きにし、昆布とかつお節でとったおいしいだし汁にジュッとつけます。くれぐれもアスパラガスが熱々なうちにだし汁にひたすこと。ほどよく焼けたアスパラガスの香ばしさとおいしいだしの相性は抜群。冷やしすぎないようにして召し上がってください。

この料理は一から作ろうとすると、重荷に思えるかもしれませんが、だし汁の作りおきさえあれば簡単です。春が来たことを教えてくれるアスパラガスは季節の贈り物です。

●焼きアスパラガスのおひたし［材料の目安・4人分］

グリーンアスパラ　8～9本

だし汁（「昆布とかつお節のだし汁」→P281）

昆布（5㎝）　1枚

かつお削り節　20g

水　1½カップ（300㎖）

塩　小さじ⅔

しょうゆ　小さじ⅓

1 鍋に昆布と水を入れ、しばらくおいて弱火にかける。60度に保ちながら30分ほど煮出し、昆布を取り出す。そのまま鍋の昆布だしを熱し、かつお削り節を加え、菜箸などで静かに浸し入れて、火を止める。削り節が沈むのを待ち、かたく絞ったさらしのふきんでこす。

2 **1**のだし汁を鍋に戻し、塩としょうゆで味つけし、軽く煮立てて火を止める。別器に移し、冷めたら冷蔵庫に入れて冷やしておく。

3 根元のかたい部分を切り落としたアスパラガスを、全体にほどよい焼き色がつくまでグリルなどで返しながら焼く。

4 **3**のアスパラガスは熱々のうちに**2**のだし汁につけ、しばらくおく。

②アスパラガスのパスタ

主な材料はグリーンアスパラだけというこのパスタは、大好きなパスタの一つです。グリーンアスパラガスは穂先はもちろん、下のかたい部分もミキサーにかけソースにして、全部を使います。

パスタに薄いグリーンのソースがからまり、そこに穂先が見え隠れしているグリーン一色のパスタです。

◎アスパラガスのパスタ［材料の目安・2人分］
グリーンアスパラ　8本
塩　ひとつまみ
エシャロット　2本（または玉ねぎ　¼個）
バター　大さじ2
生クリーム　大さじ3
EXバージンオリーブオイル　大さじ2
好みのパスタ　160〜180g
塩（湯2ℓに対して）　大さじ1½

パルミジャーノチーズ（すりおろす）　適量
塩・こしょう　各少々
★パスタは1人分80〜90g、2人分が作りやすい。

1　たっぷりの湯に塩ひとつまみを加え、沸騰したらグリーンアスパラガスの根元をつけ、次に全体を湯に沈めてかためにゆで上げる。

2　1は穂先と軸の部分に切り分け、穂先はとっておき、軸の部分は1〜2㎝長さのぶつ切りにする。エシャロットまたは玉ねぎはみじん切りにする。

3　鍋にバターとEXバージンオリーブオイルを入れ、2のみじん切り野菜を加えて炒める。少し透明になってきたら、2のぶつ切りのアスパラガスの軸も加えて軽く炒め、ふたをして、やわらかくなるまで蒸し煮にする。

4　その間に、沸騰した湯に塩を加え、パスタを入れて、アルデンテにゆでる。

5　3をハンドミキサー（バーミックスなど）またはフードプロセッサーにかけてとろりとさせたのち、生クリームを加えて混ぜ合わせ、ソースにする。

6　ボウルに5のソース、ゆで上がったパスタ、パルミジャーノチーズ、塩・こしょうを合わせて全体を混ぜてなじませ、2の穂先も加えて軽く混ぜ、器に盛る。

③ グリーンアスパラの豚肉巻き

しょうゆの香りと豚バラ肉のおいしい脂がアスパラガスの味わいとよくマッチして、いくらでも食べられるおかずになります。少し七味唐辛子をふってもＯＫ。

アスパラガスは口当たりにこだわって、かたい根元を1～2㎝切り落とし、下のほうは皮を薄くむきます。豚肉がジュージュー焼けているところにしょうゆ少々をたらす――これが肉に味をしみ込ませるコツ。肉が冷めてしまってから、しょうゆをかけるのでは手遅れで、おいしさに格段の差が出ます。

◎グリーンアスパラの豚肉巻き［材料の目安・４人分］

グリーンアスパラ　８本
豚バラ薄切り肉　８枚
しょうゆ　少々

1 下ごしらえを済ませたアスパラガスは、根元から穂先に向けて斜めに豚バラ薄切り肉をくるくると巻きつけておく。

2 **1**の豚肉巻きを中火にしたグリルで4分ほど焼き、裏返して3分ほど焼く（グリルを使わず、フライパンに薄く油を敷き、ころがしながら全体に火を通す方法でもOK）。

3 焼き上がった豚肉巻きをバットに取り、熱いうちにしょうゆ少々をたらす。

4 食べやすい長さに切り分けて器に盛る。

ゴーヤ

ゴーヤは、「にがうり」とも呼ばれるように独特の苦みがありますが、この苦みあってこそのにがうりです。代表的な料理と言えばチャンプルですが、私は、生で食べたり、豚肉といっしょに蒸したり、炒め料理ならばチャンプルではなくスパイスの香りを生かして——といった食べ方のほうがゴーヤの苦みのある味わいが際立って好きです。

ワタはしっかり取り除くようにしてください。全体的に青々として緑色が濃く、表面のイボイボがしっかりしているものがおいしく、イボが小さいものほど苦みが強いと言われます。先端が黄色になっていたら、枯れている証拠です。

① ゴーヤのさっぱりあえ

ごく薄く切って氷水にさらし、パリッとさせたゴーヤのグリーンがとてもきれいだったので、このまま生で食べたいと思って生まれた一皿です。

ゴーヤに合わせる野菜は、新しょうが、みょうがなど同じ季節の和香草や新玉ねぎ(赤玉ねぎでも)。それぞれ薄切りにし、こちらも氷水につけてシャキッとさせます。

これらの野菜を器に合わせて盛り、かつお節をたっぷりかけ、三杯酢でいただきます。お好みのドレッシングやポン酢、レモンじょうゆなどでも。食欲のない夏でももりもり箸が進みます。

◎ゴーヤのさっぱりあえ［材料の目安・2人分］

ゴーヤ　1本
みょうが　2個
新しょうが　1本
新玉ねぎまたは赤玉ねぎ　½個
三杯酢
　酢　大さじ2½
　しょうゆ　大さじ2½
　みりん　大さじ1

1　ゴーヤは縦半分に切り、大きめのスプーンなどを使って種とワタをきれいに取り除き、できるだけ薄く切って氷水に10分ほどつけてパリッとさせる。

2 みょうがは縦半分に切って、縦に薄く切り、新しょうがも薄切りにし、氷水につける。

3 新玉ねぎは繊維に沿って薄切りにし、**1**の氷水につけてシャキッとさせる。

4 **1**〜**3**の材料の水けをしっかりきって器にこんもりと盛り、三杯酢の材料をあえて、かける。

［もう一言］酒の肴におすすめのゴーヤ料理

縦半分に切って種とワタをきれいに取り除いたゴーヤ。その内側にみそをぬって網焼きにします。みそがいい具合にこんがりと焼けてきたら、返して表の皮側もちょっと焼きます。適度にあぶる程度にして、歯ごたえを残します。みそのよい香りとうまみがゴーヤに合い、酒の肴にぴったり。甘いみそはおすすめしませんが、みそ汁に使うようなみそなら、お好きなものでどうぞ。1cm以上の幅をもたせて切り、そのまま器にきれいに並べます。

先日、知人が「ゴーヤのぬか漬け」を出してくれました。これは初めてでしたが、とてもおいしくて、お酒にもぴったりでした。

友人、知人宅などでいただく、その家ならではの家庭料理には、新鮮な発見があります。

②　豚肉とゴーヤの蒸し煮　写真→P12

「ゴーヤを酒蒸し？」とどなたも少し驚いた顔をされます。

豚バラ肉や豚肩ロース肉のように、ちょっと脂身を含んだ豚肉とお酒でゴーヤをおいしくする蒸し料理です。豚肉は薄切りならばすぐにでき上がりますし、時間があれば豚かたまり肉をゆっくり蒸します。つまり状況に応じて豚肉の厚みや部位を選びます。

この料理は、私の中で変遷を重ねて今の調理法にたどりついたものです。最初は、とうがんと豚のかたまり肉をいっしょに蒸していたものが、ゴーヤと豚肉になったのです。豚肉とゴーヤは相性がいいので、やがてこの蒸し物はわが家の夏の食卓に頻繁に登場するようになりました。

にんにくみそと香菜をそれぞれが好きなだけつけながらいただく、パワフルな一皿です。

◎豚肉とゴーヤの蒸し煮［材料の目安・4人分］

ゴーヤ　2本
豚薄切り肉　200g
酒　¼カップ
みそ、おろしにんにく、香菜　各適量

1 ゴーヤは縦半分に切り、種とワタを除いて、3〜4㎝幅に切る。豚薄切り肉は食べやすい大きさに切る。ともに耐熱容器に入れて、酒を全体にふりかける。

2 蒸気の上がった蒸し器に**1**を容器ごと入れ、強火で8〜10分蒸す。

3 **2**を蒸している間に香菜を洗って食べやすい大きさに切って器に盛り、別の器におろしにんにくとみそを混ぜる。

4 **2**が蒸し上がったら、各自の器に盛り分け、**3**を添えていただく。

③ 豚肉とゴーヤのスパイス炒め

スパイスの香りをきかせてゴーヤを炒める中近東風の料理です。肉とゴーヤとスパイスの組み合わせは勢いがあっておいしいのです。

ゴーヤは暑い土地に育つ野菜です。沖縄は言うまでもなく、東南アジアでも、日常的な食材です。さらにインドには「ゴーヤのカレー」があります。その先の中近東で、はたしてゴーヤが栽培されているのかどうか、それは私も知りませんが、ゴーヤが中近東の料理法と相性がいいことはほぼ間違いない、と舌でわかります。ゴーヤに限らず、おいしい食べ物は国境を越えてどんどん広がっていくのです。

中近東風のスパイス炒めにすると、ゴーヤの苦みがぐんと生きてきますが、とくにカレー粉やクミン、コリアンダーなどのスパイスは、ゴーヤをとてもおいしくしてくれます。

繰り返しになりますが、ゴーヤのおいしさはその苦さあってこそ。苦いゴーヤを嫌う方もいらっしゃいますが、私は苦くないゴーヤにはどうしても興味を持てません。

●豚肉とゴーヤのスパイス炒め［材料の目安・4人分］
豚肩ロース肉　200g
ゴーヤ　2本
マリネ液
EXバージンオリーブオイル　大さじ2
おろしにんにく　1片分
塩・こしょう　各適量
クミンパウダー　小さじ1強
コリアンダー　小さじ1強
カイエンヌペッパー　小さじ½
クローブパウダー　小さじ⅔
4種類のスパイスまたはカレー粉　適量
塩　適量

1　EXバージンオリーブオイル、おろしにんにく、塩・こしょうに4種類のスパイスパウダー（クミン、コリアンダー、カイエンヌペッパー、クローブ）を混ぜたマリネ液を作る。
2　豚肩ロース肉を1のマリネ液につける。
3　ゴーヤは縦半分に切り、種とワタを除いて1cmくらいの厚さに切る。

4 フライパンを熱して、2の両面を軽く焼く。ここへ3も加えて炒め、肉のスパイスの香りを移す。さらに1と同様のスパイスまたはカレー粉を補って炒める。

5 軽い塩味をつけて仕上げる。

さや豆

さや豆の仲間たちは、春から初夏にかけて続々と登場します。まずは、さやえんどう。小型の絹さや、大ぶりのオランダさやえんどう、肉厚のスナップえんどうなど。続けて、グリーンピースやそら豆。両方ともみずみずしい生のものは、この時期にしか味わえません。グリーンピースやそら豆はさやから出すとかたくなるので、さや入りを買うのがおすすめです。そして、さやいんげん。おなじみのどじょういんげん、幅広で平べったいモロッコいんげん、東海以西に多くてやわらかいささげなど。

こうしたさや豆たちが次々に出てくる時期には、ふと気がつくと、何かしらのさや豆を毎日食べている自分に気づかされます。

① いんげんのオリーブオイルがけ

写真↓P13

いんげんだけでなく、じつはどのさや豆で作ってもOK。いくつかの豆を組み合わせてもおいしいのがこのレシピ。大切なポイントは二つ。できれば採りたての新鮮なさや豆を使うこと、そしてシャキッと歯ざわりよくゆでることです。

いんげんの仲間はたいへん種類が多いのですが、筋のあるものとないものがあります。筋のあるものはへたの先を折って、両端の筋を除きます。先のとがった部分はおいしくないので、折ってそのまま引いて筋を取り除きます。

下準備をしたいんげんは冷水に浸していきます。ゆでる前に冷水につけてピンとさせるのです。細胞内にきちんと水分を含ませ、みずみずしい状態にしてからゆでると、不思議なくらい野菜本来の甘みや香りが出てきます。野菜の甘みや香りを感じられれば、野菜のおいしさがわかります。ですからこのような一手間がいちばん大切なのです。

ゆでるときは、熱湯に塩ひとつまみを加えます。塩を加えるのは、下味をつけるというより、塩で湯の沸点を上げて鮮やかなグリーンに仕上げるため。また塩の力で豆の味が湯に溶け出すのを防ぐためです。

いんげんの色の変化をよく見て、美しい緑色になってきたら、すばやく網じゃくしで引き上げます。そして食べてみてかたさを確かめます。ほどよいかたさだったら、おか上げ（湯から上げたら、すぐにざるに広げて冷ますこと）にします。冷めるにしたがい、さらに色鮮やかになります。ただ、どんどん加熱が進むので、なるべく手早く。

下準備とゆで加減にこだわるのは、この料理の味つけが塩とＥＸバージンオリーブオイルだけ、とてもシンプルだからです。シンプルな料理ほど、素材の質や扱い方の善し悪しがダイレクトに味に反映します。シンプルな料理は簡単と思われがちですが、決してそうではありません。材料や調味料の数、手順などは、手をかける料理に比べて少ないかもしれませんが、それだけにいっそう心くばりが必要になります。

ゆでたいんげんを、食べやすい長さに切りそろえて器に盛ったら、上からＥＸバージンオリーブオイルをかけ、パラパラと塩をふり、からめながらいただきましょう。

●いんげんのオリーブオイルがけ［材料の目安・4人分］

さやいんげん　150g

モロッコいんげん　150g
塩　ひとつまみ
EXバージンオリーブオイル、塩　各適量

②いろいろさや豆のサラダ

できるだけ多くの種類のさや豆をそろえた、フレッシュな初夏のサラダです。春先から初夏に向け登場するいろいろなさや豆から、好みの4〜5種類を合わせて楽しみましょう。

さや豆は①のいんげんと同様に下準備をします。グリーンピースはゆでっぱなしにしておくと豆の粒にシワがよるので要注意。火を止めたら温かい湯に入れておき、自然に冷ますのが甘みがありおいしく仕上げるコツです。豆は冷やしすぎると風味が損なわれます。ゆっくり冷ますと、ふっくら仕上がります。

このように旬の好きな野菜をいろいろ入れて作る料理は、家庭ならではの一皿です。どんな高級なレストランに行っても、自分の好きなものばかりを集めた料理は決して出てきませんから。

野菜料理というのは、料理でもとくに手間がかかります。洗って筋を取ったり、皮をむいたり、刻んだり。そのわりになかなか主菜にはなりにくいものです。肉を焼いたりするほうが、よほど手がかかりません。けれどもタイミングを逃さず上手に料理すれば、心地よい歯ざわりや美しい色や季節ならではの香りを思う存分楽しめるのも野菜料理。それはある意味ぜいたくな味だとも言えます。

◉いろいろさや豆のサラダ［材料の目安・4人分］

絹さや　100g
スナップえんどう　100g
さやいんげん　100g
グリーンピース（正味）　100g
新玉ねぎ　½個
トマト　中1個
パセリまたはディル　1枝
塩　適量
A
EXバージンオリーブオイル　大さじ4
白ワインビネガー　大さじ1強
塩　適量

一こしょう　少々

1　筋のあるさや豆は筋を取り、冷水に5分ほどつけてシャキッとさせる。

2　熱湯に塩ひとつまみを加え、1のさや豆を火の通りにくい順(スナップえんどう、さやいんげん、絹さや)に入れてゆで、美しいグリーン色になったら手早く上げて、平らなざるに重ならないように広げて、冷ます。

3　グリーンピースは料理する直前にさやのふくらんだほうに指先を入れて開き、豆を一粒ずつ取り出す。塩少々を加えた熱湯でゆでて、冷ましておく。

4　新玉ねぎは薄切り、トマトは小角切りにし、パセリまたはディルはみじん切りにする。

5　2〜4をボウルに入れ、Aの調味料を加えてさっくり混ぜ、器に盛る。

③ 絹さやだけのみそ汁

大の絹さや好きです。絹さやだけが山盛りになっていても飽きずに食べられるくらい。ある時ふと思いついて、絹さやだけでみそ汁を作ってみたら、これがとてもおいしくて、以来、定番みそ汁になりました。ただし、これもしなびた絹さやでは、いくらたくさん入れても甘みも香りも出ません。

筋を除いた絹さやを冷水につけて、手で触るとキュッキュッという音がするくらいまで、細胞の中に水を行き渡らせます。素材のおいしさを引き出すためのこの一手間が大切なのです。

煮干しのだし汁を温め、みそを溶き入れたら、絹さやを加えてひと煮させてでき上がり。絹さやのシャキシャキ感が残っているうちにお椀にどうぞ。その歯ごたえと、絹さや独特の繊細な香りが何とも言えません。

●絹さやだけのみそ汁［材料の目安・4人分］
絹さや　150～200g
煮干しの水だし汁（↓P281）　4カップ
みそ　大さじ3～4
★みその量は種類（塩辛さ）に応じて調節する。

［もう一言］　口福のパリパリ絹さやの中華そば
絹さやのパリパリ感をたっぷりと味わう中華あえそばです。

えび麺（えびを練りこんだ中華麺）とシャキッとした絹さやの相性は絶妙。

絹さやは筋を取り、冷水に浸したら、すぐに斜め細切りにします。この細切りの絹さやを鍋に収まるサイズのざるに入れ、塩少々を加えた熱湯に浸してすぐに引き上げます。一瞬で一度に全部を引き上げたいので、ざるの大きさも選んでください。すぐに冷水に取って、パリパリとした状態にしておきます。

一方、えび麺をゆでて、ごま油、塩・こしょうで調味し、ここへ絹さやをたっぷり入れます。あれば香菜を刻んで入れてもおいしいですが、具はグリーンの野菜だけ。食欲のないときにも、これならのどを通るおすすめの一皿です。

ズッキーニ

ズッキーニは鮮度によって味が大きく変わる野菜です。皮のハリやツヤのほか、ヘタやお尻の部分もチェックして買いましょう。鮮度が落ちると底部から枯れてくるので、底の周辺にハリがあり、ヘタの切り口がみずみずしいものが新鮮です。よく店頭などで見かける緑色のもののほか、最近では、黄色のもの、濃緑色や黒いものなども登場。黄色のズッキーニは他のものより皮がつるつるしていてやわらかいので、食感が少し違う感じがします。

調理の際、ヘタと底部は切り落としますが、皮はむかずに食べられるので、使いやすい野菜です。

ズッキーニはオリーブオイルなど油と相性がいいので、油を用いて料理することで香りやうまみが増します。

①ズッキーニのせん切りサラダ

写真↓P14

ズッキーニは基本的には加熱していただく野菜です。イタリアの家庭でもあまり生では食べないのですが、あるレストランで出てきた生のズッキーニのアンティパスト（前菜）にレモンをたっぷり搾っていただいたらとてもおいしかったので、わが家風のフレッシュサラダにアレンジしてみました。

生で食べるには、ズッキーニ選びが大切。かたくて若い小ぶりなズッキーニを使うとおいしくいただけます。ズッキーニはだんだん熟してくるとムッチリした食感になりますが、若いうちはカリカリしています。その歯ごたえを生かしてせん切りにしていただきます。EXバージンオリーブオイルとケイパーの塩けをプラスし、レモン汁をたっぷり搾ると新しいおいしさに出会えます。

これはズッキーニだけのシンプルなサラダですが、スモークサーモンを添えると彩りも美しい一皿に。さらにフレッシュトマトやさらし玉ねぎなどをプラスすれば、ボリュームアップし賑やかなサラダになります。

若くフレッシュなズッキーニなら生でいただいてもおいしいのですが、ちょっとおいたズッキーニは蒸し煮やグリル、ソテー、フライなど、加熱していただくほうがおいしいと思います。

◎ズッキーニのせん切りサラダ［材料の目安・4人分］
ズッキーニ（若いもの）　3本
ケイパー（塩漬け）　適量
EXバージンオリーブオイル　適量
塩・こしょう（好みで）　各少々
レモン　1個

1 ズッキーニは洗って水けをふき取り、ヘタと底部を取り除き、5～6㎝長さの斜め切りにする。各々を少しずつずらして並べ、できるだけ細いせん切りにする。こうしてせん切りにすると、ズッキーニの両端に皮がつく。

2 器に**1**をこんもりと盛り、ケイパーをのせ、EXバージンオリーブオイルをふりかける。

3 レモンを添え、食べる際にギュッと搾り、軽く混ぜていただく。好みで塩・こしょう各少々をふってもよい。

②ズッキーニのグリル

ズッキーニを焼いて食べます。網焼き、フライパン焼き、どちらでもいいですが、おいしく仕上げるためには、なるべく大きく切り、食べる直前まで包丁を入れません。縦半分にしたものを、強めの火で両面をさっと焼き、少し歯ごたえを残して仕上げます。自分で切り分けながらいただきます。こうすると、一口大に切ってから焼いたものとまったく違う味わい。ズッキーニのうまみが口いっぱいに広がるから不思議です。

イタリアではズッキーニといえば、中をくり抜いて刻んだ野菜とチーズまたはひき肉を詰めてグリルしたり、花にチーズや肉を詰め、蒸したり揚げたりします。イタリアのズッキーニは、果肉がしっかりしていて崩れにくいので、このように料理できますが、日本のズッキーニでは難しいと思います。日本でズッキーニを味わうなら、日本のズッキーニに合うグリルや蒸し煮などのシンプルな調理法が私は好きです。

●ズッキーニのグリル［材料の目安・4人分］
ズッキーニ（若いもの）　4本

EXバージンオリーブオイル　適量
塩　少々

1 ズッキーニは洗って水けをふき取り、ヘタと底部を除き、縦半分に切る。

2 網焼きまたは薄く油をひいたフライパンで、強めの中火で皮と実の両面を軽く焼く。

3 焼きたてを器に盛って軽く塩をふり、ナイフとフォークでどうぞ。

③ ズッキーニと夏野菜のオイル蒸し煮

長野県の道の駅を訪れると、細長いもの、丸いもの、さまざまなズッキーニが並んでいます。6〜8月の旬の頃は、新鮮なズッキーニを、同じ頃に出盛りの夏野菜と一緒に大きく切って鍋に入れ、好みのハーブ、塩・こしょう、EXバージンオリーブオイルを加えて軽く混ぜ、ふたをして蒸し煮にします。

火が入ると野菜から徐々に水分が出てくるので水は不要。もしも薄手の鍋で焦げつきが心配なら、大さじ1〜2杯の水を加えれば大丈夫。できれば厚手の鍋を使って水を入れずに蒸し煮にするのがいいと思います。

出盛りの夏野菜で、と書きましたが、あえて言うなら、ズッキーニとにんにくのほか、トマト、なす、玉ねぎなどは、オイル蒸し煮によく使う野菜。ピーマンやパプリカ、いんげんやかぼちゃが登場することもありますし、唐辛子でピリッとさせてもおいしいです。

フランスの「ラタトゥイユ」やイタリアの「カポナータ」も、数種類の野菜をハーブや調味料を加えてオイル蒸し煮にしたものです。カポナータは野菜を素揚げし、オリーブの実やケイパー、唐辛子、時にはバルサミコ酢も入るので、ラタトゥイユよりコクがある仕上がりになります。

◉ズッキーニと夏野菜のオイル蒸し煮［材料の目安・4人分］

ズッキーニ　2本
なす　2～3個
玉ねぎ　1個
トマト　2個
にんにく　2片
ハーブ（ローリエ、タイムなど）　適量
EXバージンオリーブオイル　大さじ3

塩　適量
粗びき黒こしょう(好みで)　適量
★ハーブはフレッシュハーブの代わりに、ドライのハーブミックス(タイム、バジル、セージ、オレガノ、ローズマリーなど)小さじ1を加えてもよい。

1 野菜は各々一口大に切り（なすは水にさらす）、にんにくは包丁の腹でつぶす。

2 厚手の鍋に**1**とハーブを入れ、塩をふって軽く混ぜ、ＥＸバージンオリーブオイルをたっぷりとかけ、ふたをして野菜がやわらかくなるまで煮る。好みで粗びき黒こしょうをふる。

とうもろこし

とうもろこしは「畑でゆでろ」と言われるほど鮮度が落ちやすく、常温だと収穫後24時間で栄養が半減し、甘みも落ちてしまうそう。できるだけ早くゆでるか蒸すかしましょう。外皮は加熱直前にむき、水から入れて沸騰後3分で火を止めてざるに取るか、蒸気の上がった蒸し器で皮ごと約10分蒸すかして、塩をふって食べます。蒸すほうが味が濃く仕上がるので、私はそちらが好きです。

加熱後、実をはずして密閉し、冷凍保存しておけば、いろんな料理に使えて便利です。

最近は、生のまま食べられるとうもろこしも増え、人気のようです。これらは清澄な土地で、完全有機栽培で育てられ、とても甘みが強いのが特徴。もちろん加熱して食べてもおいしいのですが、生で食べるとシャキシャキした歯ごたえで甘さが際立ちます。新鮮なものは外皮がきれいな緑色をしています。ひげが茶褐色ならば、実がよく熟している証拠です。

① とうもろこしのフレッシュピュレ 写真↓P15

生で食べられる新鮮でおいしいとうもろこしが手に入ると、とうもろこしのフレッシュピュレを作ります。生のとうもろこしの粒をミキサーやブレンダーにかけて、ほかには何も加えずピュレ状にするのですが、ちょっと皮が舌に当たるくらいの口当たりがおいしいのです。そのままいただいてもいいのですが、EXバージンオリーブオイルと塩少々をかけるととうもろこしの味が引き立ちます。

生食用のとうもろこしがなければ、ごく新鮮なスイートコーン（甘味種）でも充分に甘くておいしくできると思います。ただし、鮮度にはこだわってください。バラバラと粒をはずすときは、芯のカーブに沿って包丁を入れてください。はずれます。

以前、ペルーを旅行していて、古都クスコのあたりで、「チチャ・モラーダ」という生のとうもろこしの飲み物に出会いました。それはこの地で採れる紫色のとうもろこしの実だけをミキサーにかけた、ただそれだけのものでしたが、とてもおいしかったのです。この地方ではどこででも売られている、日本の飲み物に喩えるならお茶といったところでしょうか。自然のほのかな甘さが私好みで、とても味わい深いものでした。

●とうもろこしのフレッシュピュレ［材料の目安・4人分］
とうもろこし　3本
EXバージンオリーブオイル　少々
塩　少々

1 とうもろこしの皮をむき、ひげはまとめて持ち、引き抜くようにして取り除く。

2 まずとうもろこしの長さを半分に切り、次に縦四つ割りにしてくし型にする。

3 刃がまっすぐな長めの包丁でカーブに沿って刃を入れ、グッと押しながらなぞっていくと、実がポロポロと落ちてくるので、ミキサーかブレンダーにかけてピュレ状にする。この時、ミキサーやブレンダーが回りにくかったら、水少々を加えて回す。

4 器に盛り、EXバージンオリーブオイルと塩をパラパラとかける。

②　とうもろこしのかき揚げ

とうもろこしの季節によく食卓に登場するのは、とうもろこしご飯（③参照）とかき揚げ。ほんのり甘いとうもろこしのかき揚げは、本当においしいものです。

とうもろこしだけでかわいらしく揚げてもいいですし、えびや帆立て貝柱と合わせて揚げれば素敵なごちそうになります。ふだんのおそうざいにするなら、じゃこや桜えびといっしょに揚げれば香ばしく、小角切りのさつまいもと合わせれば子どもも大喜び。とうもろこしはかき揚げの材料としてとてもいいと思います。

ポイントは、衣に粘りが出ないように小麦粉を加えたらさっくり混ぜることと、衣を多くしないことです。すると素材のうまみが生き、サクッとした口当たりに仕上がります。

かき揚げの形はコロンとしたものでも平たいものでもお好みで。私は少し大きめのスプーンで衣を混ぜた種をすくって、中温の揚げ油にポンと入れています。天つゆは使いません。熱々をそのままいただくと、塩をつけなくてもおいしくいただけるほどなのです。とうもろこしのかき揚げは冷めてもおいしいので、お弁当のおかずにもおすすめです。

とうもろこしの粒は生のまま包丁でこそげ取ると、バラバラになってはずれますが、ゆでたり蒸したりしてから同様にすると、実が一列にくっついた形ではずれます。縦に整列した粒に衣をつけて、「とうもろこしの天ぷら」にするお店もあるほどです。

◎とうもろこしのかき揚げ［材料の目安・4人分］

とうもろこし　1本
卵　1個
小麦粉　大さじ4
揚げ油、塩　各適量

1 とうもろこしは実をこそげ取って、ボウルに入れ、卵を割り入れてよく混ぜる。そこに小麦粉を加えてさっくりと混ぜる。

2 揚げ油を170度の中温に熱し、1をスプーンですくって入れ、こんがりと揚げて好みで塩をふる。

③ とうもろこしの玄米ご飯

写真↓P15

とうもろこしは今では野菜に分類されていますが、古代文明の時代には米、小麦と並ぶ代表的な穀物とされていました。中南米のマヤ、アステカ文明などは、とうもろこしを中心とした穀類をもとに発展した地域だと言われています。そうしたルーツを持つのですから、同じイネ科のとうもろこしとお米を一緒に料理すれば、合わないはずがありません。

とうもろこしご飯の作り方はいろいろありますが、ここではカムカム鍋と圧力鍋を使ってもっちり炊き上げる「とうもろこしの玄米ご飯」の作り方をご紹介します（圧力鍋の扱い方は機種により多少の違いがあります）。

◉とうもろこしの玄米ご飯［材料の目安・4人分］

玄米　2カップ
とうもろこしの実　2カップ
水　2カップ
EXバージンオリーブオイル　適量

塩　少々
★カムカム鍋は圧力鍋の中に入れて用いる内鍋。これを使うと玄米ごはんがふっくらもっちり炊き上がる。

1　とうもろこしは蒸すか、ゆでるかしたあと、実をこそげ取り、バラバラにしておく。

2　玄米は洗って、カムカム鍋に入れ、同量の水を加える。カムカム鍋ごと圧力鍋に入れ、カムカム鍋の半分の高さまで水を注ぎ、ふたをする。

3　はじめは**2**を強火にかけ、シューといって圧力がかかり始めたらそのまま2〜3分加熱し、火を弱めて55〜60分炊く。

4　**3**の火を止めたらすぐに蒸気を抜いてふたを取り、ほぐす。炊きたての玄米と**1**のとうもろこしをまぜ、軽く塩をふる。

5　**4**を器に盛り、EXバージンオリーブオイルをかける。

[もう一言]　おやつにぴったりのとうもろこし

軽くゆでたあと、少しだけみそをぬって網焼きしたとうもろこしは、子どもの頃、母がよく作ってくれたおやつです。おいしくて腹もちがよく、スナック菓子よりずっといい。子どもの私は、とうもろこしはおみそで焼くものだとばかり思っていたのですが、しょうゆのほうが一般的だとのちに知りました。

私はあまり電子レンジは使いませんが、ゆでる時間がないときは、皮ごとラップで巻いて6~7分レンジ加熱します。皮をあとでむくようにすると香りよく仕上がります。

トマト

トマトは一年中出回っていますが、そのまままるごとガブリ……そう思えるのは、夏の盛りだけです。ずっしりと重く、ツヤとハリがある露地ものの桃太郎を、暑い日によく冷やして食べると、そのみずみずしさに、思わず「おいしい！」と声が出てしまうでしょう。

イタリアでは、ビンにトマトをギュウギュウに詰めてしっかり密閉し、ビンごと加熱してソースを作り保存します。煮込んだトマトはうまみが引き出されて一段とおいしくなるのです。加熱料理に適しているのはサンマルツァーノに代表される肉厚で種が少ない種類。最近は日本でも加熱調理用のトマトを見かけますが、手に入らない場合には、私は味が濃く糖度も高めなミニトマトを使います。

桃太郎など生で食べるとおいしいトマトは、煮込んでソースを作ってもあまりおいしくできません。やっぱり桃太郎は、生でそのまま食べるのがいちばんなのです。

1 カプレーゼ

よく熟れた桃太郎が手に入ったら、横半分の二つに切って皿に盛り、水気をきったモッツァレラチーズも、同じように半分に切り、トマトの上にのせます。バジルの葉を上にのせ、各自EXバージンオリーブオイルと塩で、切り分けながらいただく――これがわが家のカプレーゼです。

ほとんど手を加えないシンプルな料理なのに、おいしくて食べごたえがあり、前菜にしておくのがもったいないくらいの料理。冷えたワインとの相性は抜群ですが、私は昼間に食べすぎたと思った日の夕食は、これだけで済ますことがあるほどです。

実はトマトもモッツァレラチーズもバジルも、空気に触れる分だけおいしさが損なわれるので、なるべく切らないほうがおいしい素材です。できるなら包丁を入れずにまるごとのトマト、まるごとのモッツァレラに近い形で盛りつけたいくらい。

モッツァレラチーズの産地、南イタリアでは、その日の朝に作った新鮮なモッツァレラが手に入ります。日本の食材でいうなら、お豆腐のようなもの。作りたてのモッツツァレラチーズを用いたカプレーゼの味つけは、良質のEXバージンオリーブオイルと塩。塩は粒の粗い海の塩フルール・ド・セルがおすすめです。

イタリアの家庭でトマトを料理しているのを見ていると、なるほど面白いなと思うことがあります。火を入れるときは手でちぎって、オイルと塩で味つけします。こうすれば直前までトマトの果肉は空気に触れないし、ちぎった面に凹凸ができて、オイルや塩の味がよく行き渡る――自然体の料理がトマトの味わいを最高に生かすのです。

◎カプレーゼ［材料の目安・2人分］

トマト（桃太郎）　1個
モッツァレラチーズ　1個
バジル　4枝
EXバージンオリーブオイル　適量
塩　少々
★塩はフルール・ド・セルがおすすめ。

②ミニトマトのパスタ　写真→P17

トマトソースを作る手間のいらないトマトのパスタです。糖度が高めで味が濃いミニトマトをたっぷり炒めて作ります。イタリアのトマトの産地ではどこでも毎日のように食べられているパスタですが、限りなくシンプルでありながら、このうえなくおいしいのは、トマトのうまみあってのこと。

このトマトのパスタにもう少しフレッシュ感がほしい場合には、火を止める直前に生のミニトマトを加えます。

最近はいろいろなトマトが出回っています。これらを料理する場合は、皮のかたさや甘みを知るために、まず一度生で食べて、何に適しているか、どんな調理法が合うか、考えてみましょう。皮のやわらかいミニトマトならそのまま使っていいのですが、皮がかたい場合は取り除いたほうがよさそうです。湯むきをしたり、フードプロセッサーにかけてから使うほうがよい場合もあります。

◎ミニトマトのパスタ［材料の目安・2人分］
スパゲッティ　160g
ミニトマト　20個
バジル　2枝
にんにく　2片
EXバージンオリーブオイル　大さじ2
塩・こしょう　各適量
★お好みでパルミジャーノチーズをかけても。

1　ミニトマトはヘタを除き、にんにくは包丁の腹でつぶす。

2　鍋にEXバージンオリーブオイルと**1**のにんにくを入れ、弱火で炒めて香りが出たらミニトマトを加えて中火で炒める。

3　全体に油が回ったら火を弱め、ふたをして煮る。ときどき上下を返しながら水分が出るまで煮て、トマトの皮がはじけて火が通ってきたら、塩・こしょうで味を調える。

4　トマトを煮ている間に塩を入れた（湯1ℓに塩小さじ2の割合）たっぷりの熱湯でスパゲッティをアルデンテよりも多少かためにゆでる。

5　3の鍋に4のパスタを加えて、全体によくからめて火を止め、器に盛る。バジルの葉をつんでちぎり、散らす。

［もう一言］　手間いらずでおいしいミニトマトのスープ

猛暑で食欲がないときでも、これならおいしいというスープの一つが「ミニトマトのスープ」（写真→P16）です。

時間はかかりますが、ひたすら煮るだけなので手間いらず。長く煮ることでトマトのうまみが引き出されるので、スープの素などを入れずに、自然のうまみだけを楽しんでください。

ミニトマトは惜しまずたっぷり。二人分で20個以上用意します。鍋に叩きにんにくとミニトマト、それがかぶるくらいの水を入れ、弱めの中火でしばらく煮ます。やがてトマトの皮がはじけて身がくずれ、水がトマト色になるくらいになったら、塩・こしょうを加えます。熱々を器によそったら、ＥＸバージンオリーブオイルと、粗びきの黒こしょうでどうぞ。

③ ざく切りトマトのカレーひき肉あえ

　わが家の作りおき料理の一つに「ひき肉ドレッシング」があります。

　フライパンにＥＸバージンオリーブオイルを熱して、豚ひき肉を加えてカリッとするまでよく炒め、火を止めたあと、しょうゆ、酢、こしょうを加えて混ぜ、最後におろしにんにくを効かせます。肉汁ごと容器に移し、冷蔵保存しておくのですが、生野菜の上にのせても、素揚げした野菜と混ぜても、ゆでた麺とあえてもおいしくて、夏場にはとくに重宝します。

◎ひき肉ドレッシング［材料の目安・作りやすい分量］
豚ひき肉　250g
ＥＸバージンオリーブオイル　大さじ2～3
しょうゆ、酢　各大さじ3～4
こしょう　少々
おろしにんにく　1片分

　このひき肉ドレッシングの肉を炒めていたとき、ふとひらめいたのがカレーひき肉です。ひき肉をしっかり炒め、しょうゆ、にんにく、カレー粉、好みのスパイスを加えます。必ず入れるのがクローブと黒こしょう。このカレーひき肉にEXバージンオリーブオイルを少し入れて、ざく切りのトマトをたっぷり混ぜると、玄米にもよく合うシンプルなカレーひき肉あえのでき上がり。

とてもおいしいので、ほかにも塩もみしたなす、オクラ、きゅうり、大根などでも試してみましたが、どれも美味で、わが家の夏のカレー料理が一気に増えました。

カレーひき肉は炒め方が肝心。よく炒めて肉の脂を出し、さらにその脂で肉がカリカリに香ばしくなるまで炒めます。炒め方が足りないと野菜を加えたときに水っぽくなるので、パチパチ音がしてちょっと焦げたかなと思うくらいまで炒めること。

サラダともカレーともつかないような一皿ですが、玄米によく合い、酸みと塩けがカレー風味と相まって、食欲のでない日にはとくにおすすめです。クミン、コリアンダー、クローブなどのスパイスで、さらに私好みにすることも。

ひき肉ドレッシング同様、このカレーひき肉も応用自在な作りおき。2〜3日は冷蔵保存できますが、冷凍しても大丈夫です。ざく切りトマトとカレーひき肉あえは、さらにレタスで巻いたり、ご飯の上にキャベツのせん切りをのせ、その上にかければ、夏のランチになります。

●ざく切りトマトのカレーひき肉あえ［材料の目安・4人分］
トマト　中4個
玉ねぎ　½個
豚ひき肉　150〜200g
EXバージンオリーブオイル　大さじ2
カレー粉　大さじ2
クローブパウダー　小さじ1〜2
粗びき黒こしょう　適量
カイエンヌペッパー　少々
しょうゆ　大さじ2
にんにく（おろす）　1片分
★お好みでスパイスをもっと加えるとさらにおいしくなります。

1 フライパンをよく熱してEXバージンオリーブオイルをなじませ、豚ひき肉を入れる。強めの火で表面がカリッとするまでしっかり炒め、カレー粉、クローブ、粗びき黒こしょう、カイエンヌペッパー、しょうゆ、おろしにんにくを加えて味を調える。
2 トマトは大きめのざく切りに、玉ねぎは薄切りにして水に放ちシャキッとさせる。
3 **2**の野菜の水けをしっかりきって、**1**のカレーひき肉とあえる。

なす

「なす紺」という色名があるとおり、紫がかった深い紺色をしているなす。新鮮かどうかは皮のハリとツヤで見分けますが、まず確認するのがヘタの部分。ヘタの切り口が緑がかってみずみずしく、ガクについているとげがピンと張って痛いくらいのものならOK。

鮮度が落ちたものは果肉に種が出てきて、こうなるといくら上手に料理してもおいしくなりません。なすも新鮮なものを選ぶのがとくに大切な素材なのです。

アクが出るのもなすの特徴。一般的には切ったらすぐに塩水かみょうばん水に浸します。切ってすぐに揚げるのもアクを出さない方法です。

① フレッシュなすのミントサラダ

イタリアでは、ミントはなすと相性のよいハーブとされています。イタリアのなすは皮がかたいので、塩をふって水分を出したあと、ちょっとあぶって、「焼きなすのミントサラダ」として登場します。

生でサラダにするときは、濃いめの塩水（4〜5パーセントの食塩水）につけ、食べる直前に絞ってアク抜きします。

塩水につけてアク抜きしたなすは、アレンジ次第でいくらでもメニューが広がります。そのまま食べてもおいしいし、しそやしょうがなどといっしょに和風の漬け物のようにしても美味。ひき肉ドレッシング（↓P169）と合わせてもおいしいです。

◎フレッシュなすのミントサラダ［材料の目安・2人分］

なす　2個
塩水
　水　2カップ
　塩　大さじ1
トマト　1個
ミント　1枝
A
　EXバージンオリーブオイル　大さじ2
　レモン汁または酢　大さじ1
　塩・こしょう　各少々

1 なすの切り方は自由。乱切りまたは輪切り、斜め切りでもOK。濃いめの塩水につけて冷蔵庫に入れ、しんなりするまで約1時間ほどおく。この時間は切り方により多少加減する。

2 よく冷やしたトマトは、なすと同じくらいの大きさのザク切りにする。

3 ミントは飾り用として上の部分の枝葉を少し残し、葉をつむ。

4 Aの材料をよく混ぜ、ドレッシングを作る。

5 **1**のなすをてのひらにはさんで水けを絞り、ボウルに入れる。**2**のトマト、**3**のミントを加え、**4**のドレッシングと軽く合わせる。器に盛り、残りのミントを飾る。

［もう一言］ なすとぬか漬けの関係

夏には必ずなすのぬか漬けを作りますが、これは子ども時代から食べて育った母の味です。母が丹精したぬか床を引き継いだのがうちのぬか床。以来何十年、一年中わが家のぬか漬けを食べています（写真↓P19）。なすに限らず、きゅうりや大根といった定番の野菜、キャベツ、みょうが、白うり、ラディッシュ、山いも、ごぼうなど季節の野菜を漬けて楽しみます。その詳細については『ぬか漬け帖』（筑摩書房）という本に書きました。

　ぬか床は生きているので、毎日よくかきまぜて手入れをしますが、そのぬか床の状態をいちばんよく教えてくれるのが、なすのぬか漬けです。なすが美しい紫紺色に仕上がれば、そのぬか床はいい状態。一方、なすが新鮮かどうかもぬか漬けにすればわかります。新鮮に見えても実は古くなりかけたなすをぬか漬けにすると、色が悪くなりますし、新鮮ななすならとてもいい色に仕上がります。つまり、ぬか床となすはお互いのよさを映し合うというわけです。

　時折、ぬか床の温度が高いと、なすもぬか床もよいのに仕上がりの色が悪いことがあります。ぬか床は温度が高すぎると活発に働きすぎて発酵が進み、一日でなすの美しい紫紺色を変色させてしまいます。なすも新鮮、ぬか床も悪くない、なのになぜかきれいな色にならない、それはぬか床の温度が原因ですから、ぬか床の置き場所は冷暗所に。私は猛暑の日には冷蔵庫に入れておくようにしています。

② 揚げなすのごまだれあえ

切ったなすを低い温度で揚げると、たっぷり油を吸って重い仕上がりになります。しかし高温でさっと素揚げにすると、意外なほど軽い仕上がりになります。

上手に素揚げするために使うのは深めの小ぶりな揚げ鍋。少し深めならフライパンでも大丈夫です。少量の油を高温にして、なすは揚げる直前に1個ずつ切り分けます。切ってすぐに油に入るので、アク抜きの必要はありません。水に浸す必要がないので、油はねの心配もなし。高温ですからすぐに揚がりますし、油っぽさがなくさっぱり仕上がります。

なすを引き上げるのは、切った角が少し色づき、白い身が多少グリーンがかり、なすの皮の紫が濃くなった瞬間です。これを見逃さず、さっと引き上げるのですが、本当にあっという間。そのくらい瞬時に揚がってしまいます。

この料理では、あらかじめ作っておいたほんのり甘いごまだれに、揚げたての熱々のなすを次々に入れてからめます。ごまは黒ごま。しょうゆに少し甘みをつけるのに、私はメープルシロップ・エキストラライトを使っていますが、もちろん砂糖でも蜂蜜でもかまいません。大切なのはなすが揚がったときに、ごまだれの用意ができていること。まさに段取りがポイントなのです。熱々のなすをごまだれにからめると、味がよくなじみます。濃い紫色に光る揚げなすが黒いつやつやのごまだれをまとう、とてもシックなこの料理、できたての勢いのあるうちに黒い器に盛ると、濃紫と黒のコントラストが美しい一皿に。黒い器でなくても、土物や白磁、織部焼きなど、器映えする料理です。盛りつけたら、熱いうちにどうぞ。

◉揚げなすのごまだれあえ［材料の目安・4人分］

なす　6〜7個

いり黒ごま　大さじ6

A

　しょうゆ　大さじ1強

　砂糖　大さじ2（またはメープルシロップ・エキストラライト　大さじ3弱）

　酒　大さじ2

揚げ油　適量

★いり黒ごまはさらに少しいってからすると、より香り高く仕上がる。

★砂糖は好みで加減を。

1 いり黒ごまはハンドミキサー（バーミックスなど）やすり鉢でよくすり、Aの調味料を加えて、とろりとしたごまだれを作る。

2 揚げ鍋になす1個分がぎりぎりにつかる程度の油を入れて火にかける。

3 2の油を高温（180度以上）に熱するのに合わせて、なすのヘタを取り、1個を四～六つ切りにし（乱切り、縦に二つに切って斜め切りなど好みで）、切ったらすぐに油に入れる。

4 なすの角がちょっと色づいてきたら、すぐに取り出してさっと油を切り、すぐに1のごまだれとあえる。

5 同様に残ったなすも1個ずつ揚げる。油が減ってきたら、その分を足し、再び高温にして揚げる（少量なのですぐに熱くなる）。

③ 梅干し入りなすの丸煮

写真→P18

だしの味をたっぷりと含んだなすの煮物はひなびた風情の料理ですが、しみじみおいしいものだと思えます。温かい煮物としていただくのもいいのですが、夏ならば冷たくしてもおいしいもの。煮物は冷めるときに味がしみ込むものなので、温かく食べたいときでも、一度室温に冷まして、食べる直前に再度温め直してから食卓へ。

今回は丸い小なすを使って丸煮にしましたが、日本のなすならどれでもOK。長いものや大きいものなら切って使います。なすもさまざまな種類が出回るようになりましたが、地方に行くとその土地ならではの品種があり、どれも煮物には合います。

ポイントは、なすの皮に縦にすじ目を入れて味がよくしみるようにすること、そして、おいしいだし汁に梅干しの酸みをアクセントにしたいので、甘い梅干しは使いません。調味料も塩は使わず、ほんのちょっとのしょうゆだけ。

ここではなすと梅干しを合わせましたが、「なすと干しえびの煮物」もおいしいです。干しえびを戻して煮ると、よいだしが出るからです。

あまり複雑な味をつけずに、干しえびか梅干しのどちらか一つ、そうでなければおいしいだしだけでシンプルに煮るのが、なすのおいしさを味わういちばんの方法だと思います。

●梅干し入りなすの丸煮［材料の目安・4人分］
小なす　8～10個

塩水
―水　2カップ
―塩　小さじ4
煮汁
―だし汁　4カップ（「昆布とかつお節のだし汁」または「血合い入りのかつお節のだし汁」↓P281）
―梅干し　4個
―酒　大さじ4
―しょうゆ　少々
青じそ　10～15枚

1 小なすはヘタの下のガクだけを切り取り、縦に5㎜間隔に包丁で切り目を入れる。なめると塩辛い程度の塩水（5パーセント）になすを浸し、約20分アク抜きする。

2 青じそはくるくる巻いて端から細かく切り、水に放したあと、水けをきっておく。

3 鍋にだし汁、梅干し、酒としょうゆを入れ、**1**を加え、落としぶたをする。最初は強火で煮始め、煮立ったら弱火にして30分ほどコトコトと静かに煮る。

4 冷ましてから汁とともに器に盛り、上に**2**をのせる。

ピーマン

小さい頃から大のピーマン好き。だから、食卓にもピーマンの料理がよく出るらしく、「ピーマン好きなのね」と言われています。

ピーマンは他の素材とあれこれ混ぜて料理するよりも、ピーマンだけ、せいぜい1～2品の素材と合わせるにとどめます。しょうゆやみそで味つけしてご飯にぴったり合うおかずにしたり、少しピリッとさせた独特の青っぽい香りと自然の甘みが感じられる料理をよく作ります。シンプルで手軽に作れるので、気がつけば、あっという間に一袋が空いてしまいます。

① ピーマンだけのきんぴら

縦に切ったピーマン、それだけをきんぴらにしたこのおかずは、とてもおいしくて、しかも驚くほどたくさんのピーマンを食べてしまいます。

ピーマンを縦に切り分けるときは、ヘタを避けながら、上から下に向けて皮をはがすように包丁を入れていきます。縦に六〜七つ切りにして皮を取ると、最後には種がヘタごと残りますので、これはゴミ箱に。この切り方なら種がたくさんついた部分を取る手間もなく、種も飛び散らず、まな板も汚れないのでとてもラクなのです。

こうして下準備のできたピーマンはそのままでも、さらに包丁で細く切って料理してもOKです。種がちょっと入ってても別にかまいません。

油はごま油かEXバージンオリーブオイルを使います。鍋に油を熱し、ピーマンを入れ、強火で炒めます。鮮やかなグリーンになったら、そこにしょうゆを回し入れます。お好みでお酒を入れてもいいのですが、基本的にはしょうゆだけです。全体がなじみ、火が通ったらでき上がり。きんぴらにはよく合うはずの七味唐辛子などもめったにふりません。ピーマン自体の独特の香りを楽しみたいのです。

辛みのあるものがお好きなら、ピーマンと同種のしし唐とか京都の万願寺唐辛子などと一緒に炒めてもおいしいですよ。信州の伝統野菜に「ぼたこしょう」がありますが、これを同じようにきんぴらにしても美味。辛さのなかに甘みがあり、癖になるおいしさです。

●ピーマンだけのきんぴら［材料の目安・2人分］
ピーマン　10個
ごま油またはEXバージンオリーブオイル　大さじ1
しょうゆ　大さじ2
酒（好みで）　少量

② ピーマンとみょうがのみそ炒め

ピーマンとなすの組み合わせのおいしさは、みなさんもよくご存じでしょうが、みょうがや青じそといった薬味野菜とピーマンの相性もまた抜群です。薬味野菜はたっぷり使ってください。このみそ炒めはいつもは脇役のみょうがをピーマン同様主役にした料理です。

みょうがはあまり細かく刻まずに、縦二つくらいに。使う油はごま油でもEXバージンオリーブオイルでもいいです。炒めるときにみそだけですとなじみにくいので、ちょっとお酒を入れるとよく味がからみます。個性の強い野菜どうしをみそが取りもつ料理ですから、野菜の青くささがほどよくこなれ、みその焼けた香りが食欲をそそることと言ったら。

青じそは熱を加えると香りがとんで色も悪くなるので、最後に加えるか、盛りつけたあとに、こんもりと飾るようにします。

◎ピーマンとみょうがのみそ炒め［材料の目安・4人分］

ピーマン　5個
みょうが　5〜8個
青じそ　20枚
ごま油またはEXバージンオリーブオイル　大さじ3
みそ　大さじ3程度（みその辛さによる）
酒　大さじ1½

1 ピーマンはヘタのほうから縦に包丁を入れて二〜四つ割りにし、ヘタと種を取り除く。みょうがは縦二つに切り、青じそは大きく切り分けるか、手でちぎる。

2 鍋に油を熱し、**1**のピーマンとみょうがを炒める。全体に油が回ったらみそを加えてからめ、香ばしく炒めてから酒を回し入れ、最後に**1**の青じそをざっとからめて仕上げる。

③ ピーマンとかぼちゃの煮物

この煮物はピーマンをまるごと入れて作るので、小ぶりなものを選びます。食卓に上ると「夏だなあ」と感じます。

小さいピーマンなら、種も取らずにまるごと。大きければ半分に切り、種を除きます。鍋一つに次々と材料や調味料を入れ、ラフに作る煮物です。

火を止めてもすぐに盛らず、そのまましばらくおいてください。冷めてもおいしい一皿です。

●ピーマンとかぼちゃの煮物［材料の目安・4人分］

かぼちゃ　300g
ピーマン　10個
ごま油　大さじ3
砂糖　大さじ3
しょうゆ　大さじ3〜4
酒　大さじ3〜4

1 かぼちゃは種とワタを除き、皮をところどころむいて、5〜6等分にする。

2 ピーマンはヘタのまわりに包丁目を入れ、ヘタと種を引き抜き、まるごと使う。

3 鍋にごま油を熱し、**1**のかぼちゃを入れて炒める。全体に油が回ったらかぼちゃを寄せ、空いたところに**2**のピーマンを入れて軽く炒める。

4 かぼちゃに砂糖をパラパラとふり、全体にしょうゆと酒を入れ、落としぶたをして中火で煮る。かぼちゃがやわらかくなったら火を止め、しばらくおいて器に盛る。

秋から冬の野菜

かぼちゃ

日本の伝統的なかぼちゃと言えば、深い溝のある黒皮かぼちゃ、菊座、京都特産の鹿ケ谷《ししがたに》かぼちゃなど。水けが多くねっとりし、色や甘みも薄く上品です。

スーパーなどでよく売られているのは栗かぼちゃで、ホクホク感と強い甘みが特徴です。

まるごとのかたい生のかぼちゃを切り分けるときは、充分に力がかかるようにして切るのがポイント。まな板を低い台か床の上に置いて安定させ、そこにのせたかぼちゃに刃渡りの長いしっかりした包丁を当て、上から自分の体重をかけて切ります。かたくて切りにくいものほどおいしいのも、かぼちゃの特徴です。

かぼちゃは困難の向こうにおいしさが待っている素材だなとつくづく思います。切ると傷みやすくなるので、早めに火を通しておくことが大切。かたくて切りにくくても、火はわりと早く通ります。

1 かぼちゃのまるごとベイク

写真→P20

この料理にはほくほくとした食感と甘みをもつ栗かぼちゃが合います。くり抜いたかぼちゃに生クリームやチーズを詰めて、まるごとオーブンで焼く、濃厚でダイナミックな一皿。おもてなし料理にもぴったりです。

ふだんはあまり油っぽいものを食べませんが、時にはこういうこってりした料理が食べたくなります。そもそも、かぼちゃはバターやチーズ、生クリームなどの乳製品と相性がとてもいいのです！　油分の多いものを食べたら、私は1～3日くらいかけて食べる量を調整し、体調を戻すように心がけています。

◘かぼちゃのまるごとベイク［材料の目安・1個分］

かぼちゃ　中1個
生クリーム　200㎖
溶けるチーズ　100～130g
塩、こしょう、ナツメグ、バター　各適量

★チーズは一般的には、チェダーチーズやコンテチーズのような溶けるタイプのものを。好みでグリュイエールチーズやエメンタールチーズなどでもよい。

1 かぼちゃは上部を切り、スプーンなどで種とワタを取り除く。そこに生クリーム、バター、チーズ、塩、こしょう、ナツメグを詰める。

2 1を耐熱皿にのせ、同じく種とワタを除いたふたを横に立てかけるようにして、200度のオーブンで40〜50分（大きさによる）、かぼちゃの表面が少しこんがりする程度まで焼く。

3 焼き上がったらかぼちゃの身をスプーンなどでかき取り、チーズをからめてどうぞ。

★ バターやチーズにはけっこう塩けがあるので、最初の塩・こしょうは控えめにしておき、いただくときに各自がかけるようにするといい。

② 揚げかぼちゃのにんにく風味

素揚げしたかぼちゃに炒めたにんにくをまぶす料理ですが、かぼちゃとにんにくをともに炒めるのとはまた違った香ばしさがあって、それがたまらないのです。

　この料理はかぼちゃをくし形に切っていくのですが、皮が切りやすいやわらかいかぼちゃで作ってもあまりおいしくありません。切りにくいくらい皮がかたいかぼちゃのほうがおいしくできるのです。かたいかぼちゃを思い通りの厚さのくし形に切るには、最初に自分が切りたい厚みに対し、少しだけ包丁を刺し入れて固定しておくのがコツ。そのまま包丁を刺したかぼちゃでまな板をトントンと叩くと、自然に刃が下に向かい、力を入れずに切れます。包丁はある程度大きいものを使うこと。刃が真直ぐで厚みのある菜切り包丁や中華包丁が切りやすいです。

　にんにくを炒める時間がない場合は、にんにくをスライスしてかぼちゃ同様、油で素揚げにして使います。唐辛子を加えたり、じゃこや桜えびの素揚げを加えても美味。かぼちゃの甘みとにんにくなどの塩気とうまみの複雑な味がおいしいのです。状況に応じて、臨機応変に楽しんでみてください。ビールにも合う一皿です。

◘揚げかぼちゃのにんにく風味［材料の目安・4人分］
かぼちゃ　¼個（400〜500g）
にんにく　2片
揚げ油　適量
塩・こしょう　各少々

1 かぼちゃは種とワタを除き、厚さ1～1.5cmのくし形に切る。にんにくは包丁の腹でつぶし、薄く切る。

2 150度の油に1のにんにくを入れ、ゆっくりきつね色になるまで揚げて、油をきる。

3 続けて油は150度のまま1のかぼちゃを入れ、ときどき返しながら竹串がすっと通るまでゆっくり揚げ、かぼちゃの表面がきつね色になったら油をきる。

4 3に塩・こしょうをふり、2をまぶして器に盛る。

③ かぼちゃの甘煮

甘くほっくりと煮上げたかぼちゃの煮物が大好きです。この料理もやはり皮がかたくて切りにくいかぼちゃほどおいしくできるので、おいしそうなかぼちゃを見つけると、多めに作りおきしているほどです。

かぼちゃは収穫後、追熟させることで甘みとホクホク感が増すと言われています。良質な秋のかぼちゃが手に入ったら、まるごと冬越しさせてみてください。いっそうおいしくなっていると思います。

かぼちゃを煮るときは、いつも母の時代から愛用している厚手アルミ製の無水鍋を使っています。この鍋なら水をあまり入れなくても、10分程度でほっくりと煮えるのです。ふつうの鍋で煮る場合は、材料が焦げないようにかぼちゃから出た水分に少し水をプラス（大さじ3程度）して煮ます。かぼちゃはほくほく、煮汁もカラメル状になるのが好みです。

ところでかぼちゃの甘煮については、ちょっとほろ苦い思い出があります。

もう何十年も前になりますが、当時はわが家では包丁研ぎのおじいさんに来てもらっていました。ゆっくり研いでもらった包丁は、良い切れ味が長く続き、ありがたい存在でした。お昼ごはんはいつも一緒に食べていました。ある昼時に、そのおじいさんにホクホクのかぼちゃの甘煮をお出ししたことがあったのです。ところが、一切れ口にしたとたん「こんなの食べられない」と言われてしまい、がっかり。

「わしはやわらかい水けのあるかぼちゃが大好きで、こんなホクホクしたかぼちゃは喉につまって食べられんよ」。

それを聞いて、自分のかぼちゃの甘煮が「絶対おいしい」と思い込んでいたのを反省しました。自分が好きだから他の人も好きだとは限らないと……。きっとおじいさんは、たっぷりのおだしでやわらかく煮た、日本かぼちゃの煮物が好きだったのですね。西洋かぼちゃは水も入れないほどほっくり煮るので、味わいはまったく違います。どちらもおいしいけれど、最近は菊座などの日本かぼちゃが入手しにくく淋しいです。だからこのホクホクの甘煮を食べると、いつもその包丁研ぎのおじいさんのことを思い出します。

●かぼちゃの甘煮［材料の目安・4人分］

かぼちゃ　¼個（400〜500g）
砂糖　大さじ3〜4
塩　小さじ⅓

1 かぼちゃは種とワタを除いて大きめの乱切りにし、厚手の鍋に入れる。砂糖と塩を入れて全体にすり込むように混ぜ、表面に水分が出てくるまで20〜30分おく。

2 1に大さじ2〜3程度の水（材料外）を加えて火にかける。煮立ってきたらしっかりふたをして、弱めの火で10分ほど蒸し煮にする。

3 串を刺してすっと通れば、ふたをせずに2〜3分煮て、最後に鍋をゆすって仕上げる。

ごぼう

ごぼうは日本人には古くから親しみのある野菜ですが、海外で食べたことがありません。日本ならではのごぼうの香りや歯ごたえが私は大好きです。

洗ったり切ったりされて売られているものは一見便利そうですが、風味や栄養が失われやすく、傷みも早いので、長くてで泥つきのものを求めます。触ってみてハリや弾力があるものがおいしいです。

ごぼうの香りやうまみは皮の部分に多く含まれているので、皮はむかずに使います。ごぼうをシンクにねかせて置き、水を流しながら、泥や汚れをタワシでこすって落とします。切ったらすぐに酢水につけてアク抜きをしますが、多少のアクも味のうち。つけすぎると香りがうすくなりますので、5〜10分以内で引き上げます。

1 細切りごぼうのきんぴら

写真↓P21

細く細くせん切りにしたごぼうをすばやく炒め、香りと軽やかさを楽しみます。

ごぼうは斜めに長く薄切りにして、それをできるだけ細いせん切りにします。こうすると、どのせん切りの両端にも皮がついている状態にでき上がります。ごぼうは皮がおいしいので、全部のせん切りに皮をつけたくてこのように切るのです。また斜め薄切りにしてからせん切りにすると、ごぼうの繊維が断たれるため火の通りが早く、香りを損なわないのもよい点です。

酒としょうゆで味つけしますが、甘みがほしければ、みりんを少し加えるとすっきりした甘みがつきます。種を除いた赤唐辛子の小口切りを入れれば味がピリッと締まります。

このきんぴらは、シャキシャキ感が長く続いてへたりません。そしてフワッと盛りつけることができます。この空気を含んだ口当たりは、細く切っていることと、強火で一気に水けをとばしているからだと思います。

ごぼうだけではちょっともの足りないときは、肉とにんにくを加えて「肉入りごぼうのきんぴら」にします。薄切りの肉を細いせん切りにして用いますが、豚肉でも牛肉でも。少し脂身のあるほうがおいしいと思います。

鍋にごま油を熱し、まず弱めの火でにんにくを炒め、香りが出たら火を強めてせん切りの肉を入れ、カリカリになるまで炒めたらごぼうも加えてさらに炒めます。全体に油が回ったら、調味料を加え、強めの中火で汁けがなくなるまで炒めて仕上げます。

◎細切りごぼうのきんぴら［材料の目安・2人分］

ごぼう（細めのもの）　1本
赤唐辛子　1本
ごま油　大さじ1～1½
みりん　大さじ1
酒　大さじ1
しょうゆ　大さじ1～1½

1 ごぼうはタワシで洗い、斜め薄切りにしてから細いせん切りにする。すぐに酢水（分量外）に5分ほどつけて、よく水けをきる。

2 赤唐辛子は種を除き、ぬるま湯につけてから小口切りにする。

3 熱したフライパンにごま油を回し入れ、**1**を全体に広げるようにして入れ、強めの中火で手早く炒める。

4 ほどよく火が通ったら、みりんをからめ、酒、しょうゆの順に回しかけ、**2**を加えて汁けがなくなるまで強めの中火で炒め、器に盛る。すぐに盛らないときはバットにあげておく。

◎肉入りごぼうのきんぴら［材料の目安・作りやすい分量］

ごぼう　1本
豚(または牛)薄切り肉　100g
にんにく(みじん切り)　1片分
ごま油　大さじ1½〜2
みりん　大さじ1½
酒　大さじ1
しょうゆ　大さじ2

②ごぼうのつくね揚げ

写真↓P22・23

ひき肉や魚のすり身に、これ以上は入らないくらい、たっぷりのささがきごぼうを入れて作ります。ごぼうとごぼうをひき肉や魚のすり身がつないでいる、そんなつくね揚げです。

薄いささがきでもおいしいのですが、わが家ではガシッとかむ感じがあるくらいのゴツゴツする大きなささがきにして、ごぼうの香りや味を楽しみます。

ごぼうはアク抜きしたあと、しっかり水けをふき取ってからつくねに混ぜるのがコツです。肉（あるいは魚）とごぼうをつなぐ片栗粉もぎりぎりの少量に抑えます。これではばらけそうと心配になるかもしれませんが、よく合わせれば大丈夫、しっかり握ればまとまります。それを良質のごま油でカラッと揚げます。表面にうっすらと片栗粉をつけてもＯＫ。

ひき肉は、鶏のもも肉か胸肉をフードプロセッサーにかけて手作りします。自分でひいたひき肉は、よりいっそう美味。適度の粘りが出てごぼうによくなじみます。つなぎの材料とともにフードプロセッサーで粗めにひけばOK。もちろん買ってきたひき肉でもよいですし、豚ひき肉でもおいしくできます。

魚のすり身でよく用いるのは、いわしです。手開きで三枚におろし、皮や小骨をつけたまま、3cm程度に切ります。このいわしをしょうが、片栗粉と一緒にフードプロセッサーに。包丁で粗く叩いてもOKです。大きめのささがきごぼうの場合は、すり身もやや粗めにひいたり叩いたりするほうがよい食感に仕上がります。

鶏のひき肉でも、魚介のすり身でも、作り方はほぼ同じですが、魚の場合、しょうがは必ず加えてください。青じそなどで包むとさらにおいしさが引き立ちます。そのときは、青じその色を保つために150〜160度程度の油で揚げましょう。

お好みでねぎの小口切りやおろししょうがが、辛子を添え、しょうゆをつけていただきます。ビールやお酒にもよく合うので、ごく内輪のお酒の会には、決まってこのつくね揚げが登場します。こうやって、書いているうちに、また作りたくなってきました。

●ごぼうのつくね揚げ(鶏ひき肉)[材料の目安・4人分]

ごぼう　1本

鶏もも肉　1枚

A
卵　小1個
おろししょうが　1片分
片栗粉　大さじ1
小麦粉　適量
揚げ油　適量
辛子、しょうゆ　各少々
（写真→P23）

●ごぼうのつくね揚げ（いわしすり身）［材料の目安・2人分］
ごぼう　細いもの1本
いわし　2尾
A
しょうが（みじん切り）　1片分
片栗粉　大さじ1弱
青じそ　10枚
小麦粉　適量
揚げ油　適量
長ねぎ（白い部分）　1本
おろししょうが　1片分
（写真→P22）

1 ごぼうはタワシで洗い、大きめのささがきにして酢水（分量外）に5分ほどつけてアクを抜き、ペーパータオルなどにはさんで水けをよくふき取る。

2 鶏もも肉は余分な脂を取り除いて大まかに切り、Aの材料といっしょにフードプロセッサーに入れ、ざっと粗めにひいた状態にする。

3 ボウルに1のごぼうと2の鶏ひき肉を入れて混ぜ合わせ、種が手につかないように手を水でぬらし、食べやすい形にまとめ、小麦粉を全体に薄くまぶしつける。

4 揚げ油を170度の中温に熱し、3のつくねをカリッと揚げる。

★ ここでは鶏ひき肉のつくね揚げで紹介していますが、魚のすり身でも手順は同じ。つくねを青じそで包み、150〜160度で揚げます。

③ ごぼうの炊き込みご飯

ごぼうはうまみが出る素材なので、炊き込みご飯にしてもおいしいです。わが家では、酒としょうゆ、昆布を入れて炊き上げて、その昆布も捨てずに細切りにして、ご飯に戻していただきます。好みでちりめんじゃこも混ぜますが、小魚とごぼうの相性は抜群だと思います。ごぼうはよくだしの味がしみ込むようにささがきにします。

●ごぼうの炊き込みご飯［材料の目安・2〜3人分］
米　2カップ
ごぼう　1本
昆布　1枚(5cmくらい)
酒　大さじ2
しょうゆ　小さじ2
塩　少々
ちりめんじゃこ(好みで)　½カップ

1　米は炊く30分前にといでおく。
2　ごぼうはタワシで洗い、ささがきにして酢水（分量外）に5分ほどつけて水けをきる。
3　炊飯器にといだ米と**2**のささがきごぼう、昆布と酒、しょうゆ、塩を入れ、ふつうの水加減で炊く。炊き上がったら昆布は細切りにしてご飯と混ぜ、仕上げにじゃこを加える。

ごぼうの素揚げに味をつけたこの一皿。簡単なのに、かみしめるほどにあとを引くおいしさです。

泥をタワシで洗い落とし、食べやすい大きさにすりこぎで叩いて割り、170度程度の中温の油で、かみごたえが残る程度のかたさに素揚げにします。歯ごたえをきかせたい料理ですから、揚げ加減は味見をしてくださいね。

揚げる前に、しょうゆとカレー粉、おろしにんにく少々をボウルに入れて混ぜておき、素揚げしたごぼうを引き上げたはしから、熱いうちに入れてジュッと混ぜます。

ごぼうだけでなく、にんじんやれんこんも素揚げにして、一緒に加えてもいいですし、合わせ調味料もカレー粉を使わず、シンプルにしょうとしょうゆだけでも、にんにくじょうゆだけでも、お好みなら細切りの唐辛子を加えてもおいしいです。これはビールのつまみはもちろん、玄米ご飯にもよく合います。

[もう一言] ビールにも玄米にもぴったりのごぼうの素揚げ

④　新ごぼうのあさつきあえ

初夏に収穫される新ごぼうは若いごぼうです。細くてやわらかく、フレッシュな香りが身上。酢を加えた湯でさっとゆでると美しい白色に仕上がりますので、シャキシャキ感を生かしたサラダやあえ物などにするのがおすすめです。

ここでは、白い新ごぼうに鮮やかな緑が映える、あさつきのあえ物をご紹介します。あさつきの風味が、新ごぼうのおいしさを引き立てる一皿です。

新ごぼう100グラムをタワシで洗い、長さ5cmの縦薄切りにします。それをねかせて細いせん切りにし、酢水に5分ほど浸します。これを酢少々を入れた熱湯でさっとゆで、水けをよくきってボウルに入れます。すぐに酢大さじ1と3分の2をふりかけ、あとは太白ごま油大さじ2、しょうゆ大さじ2分の1、塩少々、あさつきの小口切り5～6本分を混ぜたものを入れてあえればでき上がり。これでだいたい二人分の分量です。お酒のあてにどうぞ。

小松菜

東京の小松川付近で作られていたので小松菜というくらいですから、東京の人にとってはとても身近な野菜です。旬は冬。寒さに強く、霜に当たるとぐんと甘みを増し、葉は厚くやわらかくなります。

冬の食卓で緑の野菜がほしいとき、わが家ではほうれんそう以上に小松菜が登場します。おひたし、汁の実、炒め物、あえ物、漬け物……と何にでも使えます。これほどおいしさと使いやすさがそろった青菜はありません。

使う前には、根元に一文字か十文字に切れ目を入れ、冷水に10分ほどつけて、ピンとさせ、泥を落とします。

ゆでたり炒めたりする場合は、根元と葉の部分に分けて調理すると、火の通り方が均一になります。ほかの葉物の野菜同様、調理する前に冷水につけて水分を含ませると、甘みと香りが引き立ちます。

①小松菜の塩もみ

あるとき、野沢菜漬けを食べながら、ふと同じアブラナ科の小松菜も塩もみや塩漬けにしたらおいしいのでは……と思いつきました。こうして作ってみた小松菜の塩もみは、シャキシャキとして、菜っ葉ならではの香りが食欲を刺激します。一束の小松菜も塩もみして絞れば、ほんの一握りになってしまいますから、たくさん食べるのにはもってこいの食べ方です。それればかりでなく、さまざまな使い方ができるのです。

大根おろしに小松菜の塩もみをたっぷり入れたグリーンおろしは、焼き魚にのせても、そのままいただいても。さらにじゃこを混ぜてじゃこおろしにしてもおいしい！

炊きたてのご飯に塩もみ小松菜を混ぜたご飯は、私も大好きですが、おにぎりにすれば彩りのよいお弁当になります。さらに、かまぼこを小角切りにして揚げたもの、揚げナッツや揚げたじゃこを混ぜても美味。小松菜の塩もみをのり巻きの芯にすると、緑の色が美しく、塩けもよくて、みんながパクパク食べる細巻きになります。

ほかに、炒め物や焼きそばの具、うどんやみそ汁の青みとして使ったり（塩もみなので汁の塩分は加減して)、にんにくと赤唐辛子とこの小松菜でさっとパスタにしても。和洋中とこだわりなく広く使えるのもうれしいところ。多めに作りおきしておけば、ふだんのごはん作りが楽になりますし、新しい使い道を考えながら使うのも楽しいものです。

根元の泥を落とし、よく洗ったあと、茎は細かく刻みます。細かく刻んだほうが食べやすくてきれいです。葉は縦に2〜3本の切り込みを入れてから重ねて細く切ります。そのためには、よく切れる包丁も必要ですね。

塩をしてその日すぐ食べる場合には、小松菜の重さの1.5パーセントの塩をします。2〜3日もたせたい場合には、2パーセントの塩で。小松菜と塩をボウルに入れ、よく混ぜたあと、保存袋に入れ、空気を抜いてジッパーを閉め、バットに収めて冷蔵庫へ。冷蔵するときは、重石をしてください。重石をするほど水分が出るので、使うときには、両手でギュッとよく絞ります。

野沢菜のようにもう少し漬け物風にしたければ、塩の量を小松菜の重量の2〜3パーセントにふやし、重しを多めにして1週間くらいおきます。重石をはずさなければ、冷蔵庫で10日ほどもちます。

◉小松菜の塩もみ［材料の目安・作りやすい分量］
小松菜　1束（300g）
塩　小松菜の重さの1.5〜2％（4.5〜6g）

②小松菜といろいろ野菜のおろしあえ　写真↓P25

ゆでた小松菜は大根おろしでいただくとおいしいです（写真↓P25）。大根おろしとしょうゆに、柚子やかぼすでも、季節の柑橘果汁をジュッ。よい香りの酸みに誘われて、青菜がいくらでも食べられます。ここに桜えびやちりめんじゃこを入れてもおいしく、彩りもよくなります。

おろしあえは、冬のさまざまな野菜を盛り合わせると、ごちそう料理になります。めいめい皿に作ってもいいのですが、大皿や大鉢に作るのも素敵です。小松菜はもちろん、蒸した里いも、ほうれんそうや菊の花、にんじん、水菜、きのこ、れんこん、ごぼうなど、秋から冬への野菜を下ごしらえして彩りよく盛り合わせ、たっぷりの大根おろしとしょうゆ、半分に切った柑橘類と七味唐辛子なども添えて。ちりめんじゃこをたっぷり用意しておくのもいいですね。それぞれが好きなものを好きなだけ取り分けて、大根おろしでいただく、楽しい野菜の大ごちそうです。

大皿に盛るときは、それぞれの野菜を盛り合わせても楽しいですし（写真↓P25）、混ぜ合わせて盛ってもいいと思います。

◉小松菜といろいろ野菜のおろしあえ［材料の目安・4人分］

小松菜　1束
ほうれんそう　1束
里いも　3～4個
にんじん　1本
せり　1束
菊の花（食用）　1パック
大根おろし　3～4カップ
しょうゆ　適量
柚子　大1個（またはかぼす　2個）
七味唐辛子　適量

3 小松菜の煮びたし

ゆでた青菜をおいしいだし汁に浸していただく煮びたし。青菜は小松菜でもほうれんそうでもいいのですが、最後に柚子の皮を加えると冬らしい一皿に仕上がります。

小松菜やほうれんそうは、その洗い方やゆで方がとても大切です。青菜の根元の泥は、根の部分に切り込みを入れて取ります。根元が細ければ一文字に、太ければ十文字の切れ目を入れ、15〜30分ほど水につけておくと、葉はシャキッとして、切れ目が開き、泥が落ちやすくなります。

根のほうが洗いにくいときは、切れ目を入れた根元を5〜6㎝の長さで切って、しばらく冷水につけてから洗うとラクにきれいになります。葉のほうは、別に水につけてピンをさせてからすすぎます。

鍋に湯を沸かし、沸騰したら先に根元の部分を入れ、あとから葉の部分を入れます。少し時間差をつけることで均等にゆで上がります。一本で使う料理や、きちんとそろえて切る料理には、この方法はおすすめしませんが、そうでなければ、ぜひ試してみてください。

煮びたしの味つけは、濃いめにとったかつお節のだし汁に、しょうゆと酒、それに少量の塩で。全体的には、吸い物よりはちょっと濃いめの味と覚えておきます。

温めただし汁に、シャッキリ感を残す程度にゆでた小松菜を入れて、そのまま冷まします。ほのかに温かいくらいが私は好きですが、暑い時期は冷たいものもおいしいと思います。

煮びたしには、油揚げが加わるとボリューム感が出て、さらにおいしくなります。油揚げは、熱湯をくぐらせて、必ず油抜きをします。口当たりのよさを考えて、二枚にはがしてごくごく細切りにしても、素朴な味わいを考えて、1㎝くらいの幅に切っても。油揚げの切り方一つで見た目も味わいも違うのが面白いところです。

わが家でよく作る和食を中心に小松菜のレシピを紹介しましたが、イタリア料理ではミネストローネにも使います。イタリアで作るときは、キャベツやスイスチャードやビエトラを使いますが、日本では入手しにくいので小松菜で作るようになりました。小松菜はトマトと相性がいいので、こうしたトマトの煮込み料理にもよくマッチします。

●小松菜の煮びたし［材料の目安・2人分］
小松菜　1束
かつお節または煮干しのだし汁（↓P281）　2カップ
塩　小さじ1
しょうゆ　小さじ⅓〜⅔
酒　大さじ1

1 小松菜は冷水につけて洗い、ゆでてざるに上げ、よく水けを絞ってざく切りにする。
2 鍋にだし汁を煮立て、塩としょうゆ、酒を加えて沸騰したら火を止め、**1**を加える。
3 室温程度まで冷まして味を含ませ、器に盛って、お好みで柚子の皮やおろししょうがを飾る。

さつまいも

ほんのり甘くてほっくりしたさつまいもの旬は秋から冬。寒くなってきたら、素朴な甘さや食感を生かして、ふかしたり、蒸したり、焼いたりして料理します。

太くて大きなさつまいもは、濃い紫紅の皮の内側をよく見ると丸く筋が出ているのが見えます。その内側はおいしく、外側は少しかたいのです。皮をむいて使うなら、厚めに皮をむいて使うのがおすすめです。

厚くむいた皮は捨てないで。細く切って揚げるなど、工夫をして楽しみましょう。

初夏には、若いうちに収穫した新さつまいもが出回ります。新さつまいもは、秋から冬のさつまいもとはまったく別物で、皮は薄く鮮やかな紅色、形も細く、中はきれいな黄色。寒い時期のさつまいものようにほっくりはしていませんが、味わいは淡白で、煮崩れすることもなく、さっぱりしたおいもです。

さつまいもと新さつまいもはまったく異なりますが、どちらも私は大好き。それぞれの味わいや色や形を生かしたレシピをご紹介しましょう。

1 さつまいもとえびのかき揚げ

写真↓P26

かき揚げはみんなが大好き。中でもさつまいもとえびのかき揚げは、甘みとうまみの組み合わせがおいしく、うちの定番料理の一つです。かき揚げは野菜だけでもいいですが、魚介が入るといっそうおいしくなります。

材料の切り方には規則はありません。拍子木でも、細切りでも、角切りでも。けれども、いっしょに揚げるものと同じ形にそろえること。それがポイントです。私はたいてい、さつまいもをえびに合わせて角切りにしますが、コロンと丸く揚がってかわいらしく、高さが出て仕上がりがきれいですよ。

日々料理をしていると、食材は残ります。さつまいもとえびに限らず、ちょっと残った食材を形をそろえて切って、よくかき揚げを作ります。かき揚げは冷凍できるので、便利な作りおきおかずにもなります。うどんに入れたり、お弁当の片隅に入れたり。えびとさつまいものかき揚げも、158ページの「とうもろこしのかき揚げ」と作り方はほぼ同じ。衣は卵1個に小麦粉大さじ4、塩と揚げ油各適量。

卵は入れずに、水と小麦粉だけでもいいのです。時には、かき揚げの材料をざっと水で洗って、その水を切らずにボウルに入れ、そこに小麦粉を加えて、衣を作ってしまうこともあります。さつまいもとえびがうまくくっついていればそれでよし。逆に具材がくっつけば、水だけでも、卵を入れてもOK。つまり卵も水分と考えればいいわけです。卵を入れると、衣はやわらかく、ふわっと仕上がり、水だけだと、カリッとした食感になります。ふんわりかカリカリかはその日の気分で、どちらもおいしいものです。粉さえあれば、「卵がないから、かき揚げができない」なんてことはありません。

材料や分量をきっちりと決めて作ると、料理が面白くなくなります。「このくらいかな」と、混ぜながら決めていけばいいのです。油に入れてかき揚げがバラバラになったなら、粉が足りない証拠なので、加えればいい。料理の腕前はそうして、身につけたほうが確実です。

揚げ油は170度前後の中温。熱いうちにパラッと塩をふりかけて。

②豚ロースト肉のさつまいも、栗、プラム添え

なぜでしょうか、豚肉にはちょっと甘いものがよく合います。さつまいもはもちろん、栗、プラムやりんごなどのフルーツや……。この料理は、豚肉のローストにさつまいもや栗、フルーツを煮たものを添えた料理、ともかくおいしいのです。

さつまいもは皮ごと切って下ゆでをしておきます。栗は甘露煮でも、甘栗でも、生のものを下ゆでしても。ほかにプラム、紅玉やふじなどのりんごと合わせて、「にんじんのグラッセ」（↓P94）と同様、バターとメープルスプレッドで煮て、仕上げにレモン汁をきかせ、ローストした豚肉に添えます。ここでもポイントは、材料は同じくらいの大きさや形に切りそろえること。

ジューシーなロースト肉のうまみと塩けに、ホクホクのさつまいもや栗、酸みのあるプラムやりんごなどが味わいを添える華やかな一皿になります。

豚のローストは、例えば、84ページでご紹介した「豚肉のポットロースト」でもいいでしょう。あるいは、オーブンでじっくり時間をかけて焼き上げる調理法もあります。

豚のかたまり肉に塩をすり込み、厚手鍋を熱して、油を入れ、脂身を上にしてよく焼きます。あらかじめ150度に熱したオーブンに鍋ごと入れ、3時間ほど焼きます。

この鍋の中に、さつまいもや栗、プラムやりんごを入れて、一緒に調理してもOK。あと40分ほどででき上がるというタイミングで、豚の脂を取り除き、時間差をつけて、火が通りにくい順にさつまいもやフルーツを入れます。分量などは、お好きな分だけ。規則などない料理ですから、おおらかな気分で作ってください。さつまいもやフルーツが豚肉のうまみを吸って、おいしくなりますよ。

同様に甘みを添えるとおいしいのは鴨のロースト。ただし鴨の場合は、長時間ローストしないこと。ですから、さつまいもやフルーツは別に作ったほうがよさそうです。

◎オーブンでじっくり焼く豚肉のロースト［材料の目安・作りやすい分量］

豚ロースまたは肩ロース肉（かたまり）　1Kg
EXバージンオリーブオイル　適量
粗塩　適量
こしょう　適量

③さつまいもの薄甘煮

皮ごと輪切りにしたさつまいもを、たっぷりの甘い煮汁で静かに煮る「さつまいもの薄甘煮」は、初夏に出回る新さつまいもを使う料理で、とくにお気に入りの一皿です。新さつまいもならではの、さっくりというか、しゃりっというか、ともかくほっくりではない歯ごたえもこの季節にはよく合います。

煮汁は水と酒を半々程度、そこに砂糖とちょっとの塩を加えます。甘みは、グラニュー糖かメープルシロップ・エキストラライトで。大切なのは塩。塩けが料理全体を引き締めてくれるのです。お子さんがいるなどで、お酒を控えたいときは、水の分量を多くしてもおいしくできます。

煮汁は味見をしてみて、うっすらと甘くておいしいと思えればOK。さつまいもは水気が出る野菜ではありませんし、長時間煮るわけではないので、最初に自分で確認した味で煮ていけばいいのです。さつまいもが煮えたら、火を止め、そのまま浸しておき、煮汁も一緒に味わいます。煮汁が甘すぎると味が損なわれますので、さつまいものものの味を損なわないような薄い甘みに。薄い甘さを、ほんの少しだけ塩が引き締めている、そのくらいがおいしいのです。

グラニュー糖には不純物が入っていないので、ストレートに甘いのです。料理するときには、入れすぎないように、少しずつ加えていきましょう。料理に砂糖を使うときは、足りなかったらあとで足せばいいと考えてください。

新さつまいもの時期は、ちょうど枝豆の旬と重なります。枝豆もいっしょに煮て、盛りつけの仕上げに枝豆を散らすと、紅色と黄色と緑の彩りが美しい煮物になります。これがお弁当のおかずに入っていると、ふたを開けたとき、思わずうれしくなるのです。この薄甘煮を冬のさつまいもで作ると、もったりとした仕上がりのまったく違う料理になってしまいます。やっぱり、薄甘煮は新さつまいもの季節の料理なのですね。

里いも

　里いもは暑くて湿気の多いアジアの各地で採れますが、日本のものがいちばんおいしいと思います。ねっとりとする食感は、土に由来するのではないかと私はひそかに思っていますが、どうなのでしょうか。

　買うときは、できれば泥つきのものを。泥がしっとりしているくらい、掘りたてのものだとさらによし。里いもは掘り出してから時間がたつにつれ、皮がかたくなり、味が落ちます。泥がついていれば、時間がたっても中心のほうはおいしいので、料亭などでは皮を厚めにむいて、中心だけしか使わないほどなのです。

　泥つきの里いもは少し水につけてから、小ぶりのタワシでこすり洗いすると、簡単にきれいになります。ざるに上げて乾かしてから皮をむけば、手や包丁に汚れがつかず、仕上がりもきれい、味もしっかり残ります。小ぶりな包丁をしっかりと持ち、下から上へ皮を厚めに、六面から八面にむき、最後に上下をきちんと切り落とします。かたく絞ったさらしのふきんかペーパータオルで表面をふけば下ごしらえ完了です。

① 里いものごまみそあえ　写真↓P26

秋口が旬の里いもが出回るのを待って、必ず食卓に登場する料理です。香り高く甘辛いごまみそが、里いものねっとり感と絶妙に合うのです。

泥をタワシで洗い落とした里いもは、皮ごと蒸します。里いもに大小がある場合は、串がすっと通ったものから順次取り出していきます。

みそだれに使うごまは、練りごまでもすりごまでも。

わが家ではメープルシロップ・エキストラライトで甘みをつけますが、もちろん砂糖でもOK。メープルシロップは、採取時期によって4〜5種類に分類されていますが、和食には樹液の採取時期が最も早い〝エキストラライト〟が合うと思います。メープルシロップは、砂糖より溶けやすく、体にもよく、しかもおいしいので便利です。

たれの調味料の分量は記しておきますが、好みの割合で混ぜ、酒を入れて少しのばせば大丈夫。味をみてお好みに仕上げてください。里いもがほどよい蒸し加減なら、あえているうちに表面が崩れてねっとりとしてきます。そこに甘辛いたれがからんで、おいしいのです。仕上げに香ばしいいりごまをかけてもよいでしょう。

◎里いものごまみそあえ［材料の目安・4人分］

里いも　12個
ごまみそだれ
練り白ごま　大さじ3
砂糖　大さじ2（またはメープルシロップ　大さじ2⅔）
みそ　大さじ1強
酒　大さじ2
いり白ごま　大さじ1

1　里いもは泥を洗い落として乾かし、皮つきのまま蒸し器に入れ、強火で15分ほど蒸す。

2　その間に、ごまみそだれの材料をよく混ぜ合わせ、たれを作っておく。

3　**1**が蒸し上がったら、皮を除く。大きければ二つに切り分け、**2**のたれに入れて、里いもの周囲がねっとりするまで混ぜて、器に盛る。

②煮汁たっぷりの里いもの煮物

これは母がよく作ってくれた煮物で、私には絶対はずせない味です。学校から帰ると、私はいつも台所に立つ母の横に並び、味見役をかって出ていたものです。この料理も煮上がると、母は私にも味見させてくれましたが、口の中に広がるだし汁の香りは、今も忘れられません。母が使うのは皮をこそげ取った小さな里いもで、大きい里いもの皮をむいて作るより、こちらのほうがずっとやわらかくておいしく思えます。

だし汁には、濃いめのかつお節のだし汁を。濃いめのかつおだしをとるときは、血合いの入ったのかつお節を使います。血合いぬきのかつお節のだしより濃い色になりますが、しっかりとした味わいがあります。

たっぷりのだし汁にしょうゆと塩、酒で味つけをします。しょうゆをほんの少し、あとは塩と酒を加えて「吸い物よりやや濃いめの味」と覚えればいいと思います。分量を数字で覚えると、臨機応変に対応できませんから。そして、だし汁は里いもにかぶるくらいたっぷりと。

家庭で料理をするときには、アクを取りすぎないことも大切です。そこで、皮をむいたあと、水につけてかたく絞ったさらしのふきんやペーパータオルで、むいた里いもの表面をきれいにふきます。こうするとぬめりも出てこないので手がかゆくなることもありません。ふき上げた里いもを味のついただし汁に入れて、弱めの火で20分程度煮れば、アク取りはしなくても大丈夫。

新鮮な里いもをこうして食べたら、きっとやみつきになるでしょう。新しい里いもの皮をむいて、ふいて、すぐ煮る。今までそれでおいしく仕上がらなかったことはありません。

この煮物は里いもだけで煮て、煮汁をたっぷり張って汁ごといただきます。最後に季節の香りを添えることを忘れずに。

シンプルですが、それだけに里いもの新鮮さとだしのおいしさには気を遣います。あるいはこれがいちばん難しいことなのかもしれません。おいしいだし汁にしょうゆが少し、あとは塩を入れてお酒を少々……。甘みは使いません。

もしこの煮物が残ったら、里いもにもみのりをまぶして2個程度を、お弁当箱に。おいしくてかわいいおかずです。

●煮汁たっぷりの里いもの煮物［材料の目安・作りやすい分量］

里いも（小さいもの） 15個（約1kg）

煮汁

かつお節のだし汁（↓P281） 5½カップ

しょうゆ 小さじ1

塩 小さじ1⅔

酒 大さじ3

柚子の皮 1個分

1 里いもは泥をタワシで洗い落とし、ざるに上げて乾かす。

2 包丁の刃で里いもの皮をこそげ取り、かたく絞ったふきんなどでよく表面をふく。

3 鍋に煮汁の材料を煮立てて**2**を入れ、わずかに煮汁が煮立つ程度の弱めの中火で、里いもに串がすっと通るまで煮る。里いもにちょっとヒビが入ったような感じになれば、もう煮えている証拠。

4 煮汁ごと器に盛り、柚子の皮のせん切りまたはすりおろしをたっぷり散らす。

③ 里いもと鶏肉のクリームシチュー

これは牛乳を使ったシチュー。コクを出したければ生クリームを使います。私は牛乳で作り、最後に少し生クリームを入れてコクを出します。

この料理では骨つきの鶏肉を用いますが、それは骨から出るうまみの力を借りるため。私にとっては鶏肉のうまみを全部吸っている里いもこそを味わう料理なのです。

鶏肉と玉ねぎをコトコトと煮てスープが出たところに里いもを入れます。里いもはゴロンと。大きいいもでも半分に切る程度にし、あまり小さくしないほうが私は好きです。ほかににんじんやブロッコリーを入れてもいいですね。牛乳や生クリームなどを加えるのは、肉や野菜が煮えてから。ミルクは煮込むとおいしくありません。煮立ったら、コーンスターチでとろみをつけます。コーンスターチは最後に用いると好みのとろみをつけやすく、濃くなりすぎません。

このクリームシチュー、ごはんにもよく合います。

○里いもと鶏肉のクリームシチュー［材料の目安・4人分］

里いも　8個
骨つき鶏もも肉（ぶつ切り）　8切れ
塩・こしょう　各適量
玉ねぎ　小1個
牛乳　1カップ
生クリーム　⅓カップ
コーンスターチ　大さじ3～4
炒め油、水　各適量

1 泥を落とした里いもは皮をむき、かたく絞ったふきんなどでよく表面をふく。

2 骨つき鶏もも肉に塩・こしょうをし、玉ねぎは粗みじんに切る。

3 厚手の鍋に油を熱し、**2**の鶏肉を入れて両面を炒める。

4 鶏肉の色が変わったら**2**の玉ねぎを加え、しんなりするまで炒め、水をひたひたになるまで加えて弱めの中火で煮始める。

5 アクを取り除き、**1**を加えてやわらかくなるまでコトコトと煮る。

6 最後に牛乳と好みで生クリームを加える。3～4分煮て、塩・こしょうで味を調え、同量の水で溶いたコーンスターチを加えてとろみをつける。

［もう一言］　東南アジアのタロいも料理を里いもで作る

東南アジアにはタロいもを使った料理がたくさんあります。現地でおいしかったタロいも料理を東京で作るとき、私は里いもを使っています。

例えば、えびとタロいもの揚げ物。タロいもの代わりに里いもの細いせん切りと、えびを粗く叩いたものを混ぜ、塩をふって混ぜます。いもの澱粉で全体がまとまりますので、そのまま揚げ油に。しそで包んでもＯＫ。

さらにアレンジして、里いもの細いせん切りと豚ひき肉、えびまたはかにの身、にんにくや香菜のみじん切りをよく混ぜたものを、揚げだんごにする料理も好きでよく作ります。

タロいもは日本の里いものように繊細ではありません。ですから、かつお節のだし汁で煮ても、残念なことに日本の里いものようには仕上がらないのです。タロいもはやはりエスニックな料理向きなのですね。日本の料理にはやはり日本の里いもがおいしいです。

にら

にらの旬は冬から春にかけてですが、やっぱり早春のにらは格別においしい食材です。けれども最近はなぜか香りが悪くてゴワゴワした不味いにらが多いのは残念。

葉先がピンとして葉の色が濃いものを選びますが、やわらかそうな葉のものがおいしいようです。にらの根元の白い部分はにら独特の香りと味がたっぷり含まれているので、切りそろえる程度にとどめます。ばっさり切り落としてしまうのは、ちょっともったいないです。

にらは加熱しすぎると色や風味が飛んでしまうので、ほかの材料と炒め合わせる場合には最後に入れ、余熱も考え、早めに火からおろしましょう。傷みやすいので、ラップなどで包んで冷蔵庫で立てて保存し、早めに使いきります。

① えびとにらの卵炒め

えびとにらと卵の相性は抜群。母の手料理では、この組み合わせがよく食卓に上がりましたから、子ども心に「えび、にら、卵の三つはすごく合うんだわ」と思っていました。この三つの組み合わせはスープにしてもとてもおいしいです。

この炒め物を作るときは、塩味で、彩りも美しく。手早く簡単にできますが、各材料の火通りの違いを考え、卵は別にふんわりと仕上げ、最後にほかの材料と合わせます。

えびを上等にしたり、大ぶりにしたり、増やしたりしてご馳走にするとか、えびを少なめにして卵を多くするとか、材料の加減ができるのもこの料理のいいところです。

昔はこの料理に芝えびを使っていましたから、今にして思うと高級な料理でした。今ではおかずには中くらいの大きさの冷凍えびを使いますが、それでも納得のおいしさです。

◉えびとにらの卵炒め［材料の目安・4人分］

むきえび　150g

塩、こしょう、酒（下味用）　各少々
にら　1束
卵　3個
酒　大さじ1
ごま油またはサラダ油　大さじ3
塩・こしょう　各少々

1　えびは薄い塩水で軽く洗い、塩・こしょう、酒で下味をつける。
2　にらは4～5cm長さに切る。卵は割りほぐして酒を加え混ぜる。
3　中華鍋を煙が出るくらいに熱して、油を入れる。**2**の卵液を入れて大きく混ぜ、まだ生のところが残るふんわりとした炒め卵を作り、取り出す。
4　**3**の中華鍋に油少々を補い、**1**のえびを炒める。
5　えびの色が変わったら**2**のにらを加えて炒め合わせ、塩・こしょうで調味し、**3**の炒め卵を戻し入れ、強火でさっと炒め合わせて仕上げる。

②刻みにらと油揚げのみそ汁

写真↓P27

にらはとても個性的な野菜です。いろいろな野菜と組み合わせるより、相手を油揚げだけにすると、とてもおいしいのです。にらはできるだけ細かく切ると、生にらのあの嫌な感じがなくなります。

にらに合わせて、油揚げも細かく切って口当たりをそろえます。にらは火が通った瞬間がおいしく、煮すぎてくたっとすると味が半減します。シンプルな料理こそよりタイミングが大事です。にらも例外ではありません。

●刻みにらと油揚げのみそ汁［材料の目安・4人分］
にら　1束
油揚げ　1枚
煮干しの水だし汁（↓P281）　4カップ
みそ　大さじ3〜4
★みその量は種類（辛さ）に応じて調節する。

1 油揚げは熱湯をくぐらせて油抜きをしたあと二枚にはがし、重ねて細かいあられ切りにする。

2 にらは束ねてごく細かく切る。

3 鍋にだし汁を温め、**1**を入れ、みそを溶き入れる。

4 汁がふうっと煮立ってきた瞬間に**2**を一気に入れる。

5 すぐに火を止め、手早く椀によそう。

［もう一言］ 重宝するにらドレッシング

「刻んだにらのみそ汁」もおいしいのですが、細かく刻んだにらを、さらによく叩いて調味料と合わせ、中華風のにらドレッシングにすると、これが酸っぱ辛くてあとをひく味わい。焼き魚、蒸し鶏、ゆで豚、蒸しなす……相性のいい料理は無限大。

にら5本分を細かく切り、さらに叩き、しょうゆ大さじ2、ごま油大さじ1、豆板醤小さじ1〜2、酢大さじ2と合わせます。お好みでにんにくのみじん切りを加えてもOK。ぜひお試しを！

③ 豚肉とにらたっぷりの炒麺《チャーメン》

細くてあまり長くない、やわらかいにらが入手できたら、それをたっぷり使って作ってみてください。ちょっと奮発して黄にらをたっぷり使って作れば、間違いなくおいしくできる炒麺です。

そもそもこの料理のレシピは、中華料理好きでよく食べ歩きする方に、「こういうにらの料理を食べさせる店があって……」と、さもおいしそうに聞かされたのがきっかけ。

話を聞いて、「ああ、絶対に食べたい！」と思いました。けれどもなかなかその機会に恵まれず、とにかくすぐに食べてみたかった私は、「自分で作ろう！」と決心しました。

とてもシンプルな料理ですが、この料理を作るには、山のようにたくさんのにらが必要です。できる限りの想像力を働かせて作ってみたところ、やはりとてもおいしくて嬉しくなりました。ですが、じつは今に至っても、当のその店を訪れる機会はなく、残念ながら、実物の炒麺は食べずじまいなのです。

●豚肉とにらたっぷりの炒麵［材料の目安・2人分］
炒め用中華麵　2玉
豚バラ肉または肩ロース肉　80g
にら　1束（小さければ2束）
にんにく　1片
しょうが　1片
塩・こしょう（好みで）　各適量
ごま油　適量
しょうゆ　適量
米酢または黒酢　各適量

1 豚肉はバラ肉か肩ロース肉など少し脂身のある部位を用意して細切りにする。

2 たっぷりのにらは4～5㎝長さに切り、にんにくとしょうがは各々みじん切りにする。

3 そばは炒め用の中華麵（炒麵）を用意する。

4 中華鍋にごま油を熱し、**2**のにんにくとしょうがを炒め、香りが立ったら**1**を入れてカリカリになるまで炒める。塩、または塩・こしょうで味をつけ、最後にしようゆをふりかけて肉に味をつける。

5 鍋に**3**を入れてカリカリの豚肉を麺にからめるように炒め、よくなじみ、火が通ったところに**2**のにらを入れ、ひと混ぜして仕上げる。

6 器に盛り、米酢または黒酢を好みの量かけていただく。

白菜

白菜が本当においしくなるのは晩秋から冬にかけての寒い季節。まるごと新聞紙に包み、冷暗所に立てて保存すれば、3週間〜1か月近くもちます。途中、葉を一枚ずつはがして使います。切って使うとそこから傷むので要注意。包丁の入った白菜はラップ材で密閉して冷蔵保存し、早めに使ったほうがよさそうです。

新鮮なうちに一手間を加えるなら、塩もみしておくのがおすすめです。残った白菜をざくざく切り、塩（白菜の重さの2〜3パーセント）を加えて混ぜ、冷蔵庫で一晩おきます。翌日には水けが出ているので、両手でギュッと絞って使います。おかかじょうゆでいただけばおいしい浅漬け風ですし、麺の具としても使えます。甘酢（酢2対砂糖1）に漬けたり、炒め物にしても。油揚げあるいは豚肉といっしょに炒めればメイン料理にもなります。

白菜は、薄緑色の葉と厚みのある白い芯では火の通り方が違いますので、炒め物や軽く煮るなら、白い芯の部分をV字形にカットし、包丁をねかせるようにしてそぎ切りにし、葉はその倍の大きさに切り分けます。調理するときは、まず芯の部分を先に入れ、時間差で葉の部分を入れると、均一に火が通って仕上がります。

① 白菜と豚肉の重ね鍋

寒くなると必ず作る、冬の定番料理です。40年ほど前に親戚の家で教わって以来、いく度も作っているうちにわが家流のスタイルになりました。

白菜はあらかじめ蒸しゆでにして、かさを減らしますので、白菜一株がすんなり鍋に収まります。とろとろになるまで煮込んだ白菜、豚バラ肉、しょうがで、体もぽかぽかと暖まり、あとで考えると自分でもびっくりするほどたくさんの白菜がお腹に収まってしまうのです。

まるごと1個の白菜は、根元に深い切れ目（四つ割りなら十文字に）を入れ、その部分から両手でバリバリと葉の方向に裂くようにして分けます。包丁で全部を切り分けるよりずっと楽でくずも出ません。

残った場合には、四つ割り程度の大きさにして干しておきます（小さすぎると干からびてしまいます）。切り口を上にしてざるに並べ、ひなたで4～5時間、しんなりするまで干しておけば、うまみが凝縮され、かさも減ります。干した白菜は炒めたり、煮込んだりしてどうぞ。

◉白菜と豚肉の重ね鍋［材料の目安・1株分］
白菜　1株
豚バラ薄切り肉　400g
しょうが（せん切り）　3片分
塩・黒こしょう、水　各適量
酒　大さじ2

1 白菜は縦に四つ割りにして鍋に横にして入れ、水1カップを注ぐ。ふたをして弱めの中火で15分ほど蒸しゆでにし、粗熱が取れたら6～7㎝長さに切る。ゆで汁は取っておく。
2 豚バラ肉は長さを2～3等分にする。
3 土鍋に**1**の白菜の4分の1量を並べて豚肉、しょうがの3分の1量を広げて重ね、塩・こしょうを軽くふる。これをさらに2回繰り返して3段重ねにし、最後に白菜を重ねる。

4　1のゆで汁と酒を注ぎ、水を足してひたひたにし、強火にかける。
5　煮立ったら弱めの中火にし、アクを除いて40〜50分煮て仕上げに黒こしょうをひく。

② さっぱり酢白菜　写真→P28

あっさりした料理がもう一品ほしいときに、知っていると重宝する料理。白菜を蒸しゆでにし、蒸し上がりに酢をかけるだけ。ですから「さっぱり酢白菜」というちょっと変わった名前をつけました。

それぞれのお皿で辛子じょうゆをつけていただくと、さっぱりと上品な味わい。例えば餃子の日にこういうおかずはよく合うと思うのですが、そのときは餃子のたれでいただいてもおいしいでしょう。ピリッとパンチのあるたれが、淡白な白菜の味わいを引き立てます。

●さっぱり酢白菜［材料の目安・4人分］
白菜　½株
水　½カップ

酢　¼カップ
しょうゆ、練り辛子　各適量

1　白菜は縦4分の1に裂き、鍋に切り口を上にして入れる。分量の水を加え、ふたをして弱めの中火で15分前後蒸しゆでにする。
2　芯に串を刺してすっと通るようになったら酢を回しかけ、火を止める。
3　軽く絞って水けをきり、5〜6㎝長さに切り分ける。辛子じょうゆでどうぞ。

③白菜と豚肉のおかずサラダ

サラダと銘打っていますが、主菜として出せる料理です。使うのは白菜の芯の部分だけ。この料理はシャキシャキする白い芯の部分を使ってこそ、おいしいのです。

白菜は繊維に沿って細切りに、冷水につけて充分にパリッとさせます。

豚のかたまり肉は、常温の油から時間をかけて揚げることで、外はカリカリと香ばしく、中はジューシーに。この豚肉にしょうゆと黒こしょうをからめます。肉汁とからんだしょうゆ味のたれが、豚肉のうまみとみずみずしい白菜の間を取り持つ料理。

手間がかかりますが、仕上がりを想像しながら作ってください。

●白菜と豚肉のおかずサラダ［材料の目安・4人分］
白菜の芯(白い部分) 6〜7枚分
豚かたまり肉(肩ロースまたはバラ肉) 300g
しょうゆ 大さじ4
粗びき黒こしょう 適量
揚げ油 適量

1 白菜の白い部分は縦に5㎝長さの細切りにし、冷水でパリッとさせて水けをきる。

2 深めの揚げ鍋に豚のかたまり肉を入れ、常温の揚げ油を肉が半分以上浸るように注ぐ。中火にかけてしっかりふたをし、肉の表面がカリカリになるまで20〜25分くらい揚げる。途中1回、上下を返す。ふたは裏の水滴が油に落ちないように、水平にして静かにはずす。

3 油からあげた**2**の揚げ豚をボウルに取り、しょうゆと黒こしょうをかける。上下を返して、全体によく味をなじませる。

4 **3**の肉を薄切りにし、器に**1**の白菜と交互に盛り、**3**の残った汁をからませる。

大根

大根の葉は、白い根の部分に負けないほどおいしいのをご存じですか？　軽く干して炒め物にしたり、ぬか漬けにすると、本当においしいなと思います。

葉つき大根は、なるべく早く葉を切り落としましょう。葉が根の水分を吸い上げて蒸発させてしまい、大根のみずみずしさがどんどん失われてしまいます。

葉を切り落とした白い大根は、首の部分、中央部分、根に近い先端部分で少しずつ味が違います。それぞれの部位に適した料理に使えば、一本買いした大根も飽きることなくおいしく、上手に使いきることができます。

① 大根とりんごのサラダ

以前、料理講習会のため東北地方に出かけたときのこと。「ちょうど収穫したばかりなので、皆さんでどうぞ！」とりんごが何箱も届きました。しばらくすると別の方が、

「今朝抜いたうちの大根。新鮮ですからどうぞ」と、こちらもたくさん！　思いがけない贈り物にスタッフ一同驚いて顔を見合わせましたが、とにかく大根は新鮮なうちに塩をうっておこうと、ゴロゴロと少し大きめに切って、塩をまぶしておきました。翌朝、「そうだ、りんごと合わせてみましょう」とひらめき、たまたまあったレモンの汁も搾り入れ、試食してみるとなかなかの味ではありませんか！　しかも食感がとてもいい感じです。適度にしょっぱい大根と少し酸っぱくて甘いりんごが、お互いを引き立て合ったというわけです。

大根とりんごは、どちらも秋から冬にかけておいしくなる出会いものの材料ですが、じつはこの料理は偶然の出会いから生まれたもの。「合わせてみましょう」とやってみた結果、わが家の定番になってしまったサラダです。料理は、頭を柔軟にし、その場の状況に応じて臨機応変に作る――これがおいしく新しい発見につながります。

◎大根とりんごのサラダ［材料の目安・４人分］
大根　８～10㎝（約300ｇ）
りんご　大１個（約300ｇ）
塩　小さじ１～１½（大根の重さの２％）

レモン汁　1個分(半分に切ったレモンの切り口を上にして、切り口と皮を押すようにしてから搾ると香りがいっそうよくなる)

1 大根は皮をむいて2～3㎝角に切り、塩を加えて30分以上おいて水分を出したあと、しっかり絞る。

2 よく洗ったりんごを皮ごと2～3㎝角に切ってボウルに入れ、レモン汁をたっぷり加えて、**1**と合わせる。

②大根とひき肉の炒め煮

写真→P29

大根の煮物は、皮をむく、下ゆでする、だしをとるなど、それなりの手間がかかります。やわらかく煮ようとするとさらに時間もかかります。けれども大根は炒めてから煮ると、手早くできて、しかもおいしいのです。さらに皮をつけたまま炒めて煮れば煮崩れせず、しっかり感がありおいしいもの。下ゆでする、だしをとるなどの下準備もいっさい不要です。

パラパラになるまでよく炒めたひき肉を大根全体にからませるようにして煮れば、

肉のうまみが大根にしみ込み、ご飯に合うこっくり味の煮物に。肉の臭みを取るためにしょうがは欠かせませんが、このしょうがの風味が、甘辛いこの大根の煮物を引き立てます。

大根は中央部分を使いますが、より早く火が通るように、輪切りではなく、大きめの乱切りにしています。

大根に限らず、煮物は冷めるときに材料に味がしみ込むので、火を止めたばかりより、しばらくおいてからのほうが美味。ほかの料理より早めに作っておいて、食べる直前に温めて出すようにするといいのです。

ひき肉だけでなく骨つきの鶏もも肉や手羽肉を用いてもOK、と応用がきく一品です。

●大根とひき肉の炒め煮［材料の目安・4人分］

大根　½本（約500g）
大根葉（飾り用）　適量
鶏ひき肉　150g
しょうが　1片
ごま油　大さじ2

A
酒、みりんまたはメープルシロップ　各大さじ2～3
しょうゆ　大さじ2½～3
水　適量

1 大根は皮ごと大きめの乱切りにする。しょうがは半分をみじん切り、半分をせん切りにして針しょうがに。

2 鍋にごま油としょうがのみじん切りを入れてさっと炒め、ここへ鶏ひき肉を入れてパラパラになるまで炒めたら、1の大根を加えて、軽く色づくまで炒める。

3 2の鍋にAの調味料を加え、ひたひたになるまで水を注いで強火で煮立てる。中火にし、落としぶたをしてときどき上下を返しながら汁けが少なくなるまで煮る。

4 器に盛り、さっとゆでて刻んだ大根葉を散らし、たっぷりの針しょうがを飾る。

③ 細切り大根と油揚げのみそ汁

大根の細切りは、切り方一つで驚くほど歯ざわりが変わります。繊維に沿って切ればシャキシャキした歯ざわりで、細切りサラダなどに合います。

まず大根を5cmほどの長さに切り、それを縦にして薄く切り、この色紙切りになったものを何枚かずらして重ね、端から切れば、繊維に沿った細切りができ上がります。

一方、細切りの大根をみそ汁の実にする場合、私はやわらかい口当たりのほうが好きなので、繊維を断つように切ります。まず大根を薄く輪切りにし、この輪切りを重ねて端から切っていきます。

一般にはみそ汁に使う大根の細切りは千六本《せんろっぽん》（マッチ棒の太さ）と言われていますが、私はとろりと溶けるような口当たりを楽しみたいので、もう少し細く切ります。

「細切り大根と油揚げのみそ汁」は、うちのみそ汁の定番中の定番。せっかく大根の口当たりがやわらかいのに、厚くて太い幅の油揚げが汁の中からゴロっと出てくると違和感がありますので、大根と油揚げの食感がうまくマッチするように、油揚げを二枚にはがしてから細く切るのが私流。

だしは煮干しでとったもの。みそはその家のお好みのもので。濃い味にすると素材の持ち味を損ないますので、少し薄味に仕立てます。

●細切り大根と油揚げのみそ汁［材料の目安・4人分］
大根　15cm位（1/3本位）

油揚げ　1枚
煮干しのだし汁　4カップ
みそ　大さじ3～4
★みその量は種類に応じて調節を。

1 大根は皮をむいて薄く輪切りにし、何枚かを重ねて端から細く切る。
2 油揚げは熱湯をくぐらせて油抜きをしたあと二枚にはがし、大根に合わせてごく細く切る。
3 鍋にだし汁、大根、油揚げを入れて強火にかけ、煮立ったら弱めの中火にする。
4 大根がやわらかくなったら、みそを溶いて、汁全体になじませる。
5 汁が少しふうっと煮立ってよい香りがしてきたら(煮えばなという)、火を止める。

[もう一言]　大根の葉も皮も無駄なく使いきる
首の部分と切り離した大根の葉の部分、さてどんなふうにいただきましょうか。
まず、フックなどにかけて一日ほど日に当て、半干し状態にします。水けが抜けるとかさも減り、葉先のトゲトゲした部分もしんなりするので、いろいろな料理に利用しやすくなります。

半干しの葉は刻んで汁物や煮物の最後の段階で加えれば、彩りになります。ごま油で炒めてもおいしいですし、刻んだ葉を空炒りしてごまを入れ、味つけをすればご飯のお供に。切らずに干したままの状態でぬか漬けに入れてもＯＫです。

干さずに使うときも、必ず刻んで塩でもみ、ギュッと水けを絞ります。これを炊きたてのご飯に混ぜれば菜飯のでき上がり。

また料理したあとに残った大根の皮は、軽く干して「きんぴら」や「炒めなます」などにします。きんぴらは大根やにんじんの皮を干してそれぞれ食べやすい長さに切り、鍋にごま油を熱して炒めます。酒、みりん、しょうゆで調味し、汁けをとばしながら炒り煮にすればでき上がり。

炒めなますも、大根やにんじんやれんこんの皮を、少し干してから使います。まず、せん切りにしてごま油で炒め、酢、みりん、しょうゆでちょっと甘酸っぱく仕上げます。仕上げに半ずりの白ごまをたっぷり。常備菜にはもちろん、お弁当や酒肴にもよい一品です。

ブロッコリー

ブロッコリーは緑色が濃く、こんもりと盛り上がってつぼみがかたく締まって密集しているもの、茎の切り口がみずみずしいものを選びます。

房を外すときは、太い茎から枝分れしている小房を包丁でカットしてもいいですし、細い茎ならポキポキと折るようにします。上に向かってつぼみが密集している部分は、包丁の刃先で同程度の小房に切り分けます。

次に茎の皮をむきます。これがとても大事なのです。根元に包丁を当て、つぼみの方向に引っ張るようにしてむくのがコツ。これでつぼみと茎の部分に同様に火が通るうえに、加熱時間も短縮できるのです。

残った太い茎の部分もじつは甘みがあって、蒸したり、ゆでたりするとおいしいのです。私はむしろ茎のほうが好きなほど。ぜひ太い茎も捨てずに食べてみてください。

ブロッコリーは蒸すのがおすすめです。ゆでると房の部分に水が入り、水っぽくなるので。蒸したブロッコリーの甘さと濃いうまみをぜひお試しあれ。

①　ブロッコリーのグリーンソース　写真↓P30

ブロッコリーは房も茎も少し大きめに切り分けます。これを好みのかたさに蒸して、オリーブオイル、塩・こしょうとにんにく、いろいろなグリーンハーブのみじん切りを混ぜたグリーンソースをからめます。

グリーンハーブはディルやパセリなどお好みのもので。ブロッコリーが最もおいしい冬の時期にたっぷりと召し上がってください。

◎ブロッコリーのグリーンソース［材料の目安・2人分］

ブロッコリー　1株

グリーンソース

　EXバージンオリーブオイル　大さじ3〜4

　塩・こしょう　各少々

　おろしにんにく　小さじ1（お好みで。入れなくてもOK）

　ディル、イタリアンパセリ　各3〜4本

★お好みでルッコラ、フェンネルの葉などを入れてもよい。

1 ブロッコリーは洗ってから、小房に分ける。

2 皮目に包丁を当てて、茎の皮をむく。太い茎の部分は皮をむいたあと、太さに応じて二〜四つ割りにする。

3 蒸し器の湯気の上がったところに2を入れ、好みのかたさ（少しかためがおすすめ）に蒸す。あるいはゆでる。

4 蒸している間にグリーンソースを作る。ディル、イタリアンパセリを細かく刻み、グリーンソースの材料全部をフードプロセッサーにかけてボウルに入れる。蒸し上がったブロッコリーが熱いうちにからめる。

［もう一言］自家製だからおいしいグリーンマヨネーズ

ブロッコリーには自家製のマヨネーズにハーブを加えたグリーンマヨネーズを合わせるのもおすすめです。自分で作るのは大変？　いえいえ、ミキサーやハンドミキサーを使えば簡単。グリーンのハーブは、ディルやイタリアンパセリ、ルッコラなどお好みで。バジルはおいしいのですが、時間がたつと黒く変色してしまいます。グリーンマヨネーズの作り方は次のとおりです。

1 ディルやイタリアンパセリまたは好みのハーブを刻む（各2～3本）。
2 ミキサーに**1**、全卵1個、レモン汁または白ワインビネガー大さじ1、塩・こしょう各少々、好みでにんにく1片を入れて攪拌する。オイル（約1カップ）を少しずつ加え、さらに攪拌する。ミキサーが回らなくなるまでオイルを加える。
★ハンドミキサーを使う場合は、保存びんに材料をすべて入れ、ハンドミキサーの先端をさし入れ、全体がとろりとなるまで攪拌します。マヨネーズはオイルの量が多いほど、かたく仕上がります。

②ブロッコリーのアンチョビ蒸し

写真→P30

とても手軽にできる一品です。ブロッコリーにEXバージンオリーブオイルとアンチョビをからめてオイル蒸し煮にするだけ。厚手の鍋一つでできますし、アンチョビが入るので塩も不要。白ワインがよく合う一皿です。

ブロッコリーには余熱で火が入るので、やわらかくしすぎないのがおいしさのコツです。

●ブロッコリーのアンチョビ蒸し［材料の目安・2～3人分］
ブロッコリー　大1株
アンチョビ(フィレ)　1缶
EXバージンオリーブオイル　大さじ2～3
赤唐辛子　1本
にんにく(好みで)　1片
水(必要に応じて)　大さじ1～2

1 ブロッコリーは茎の皮をむき、房とともに少し大きめに切り分ける。

2 赤唐辛子は水またはぬるま湯で戻し、種を除いて小口切りにする。アンチョビは刻んでおく。にんにくは包丁の腹でつぶし、薄く切る。

3 厚手の鍋にEXバージンオリーブオイルと**2**の赤唐辛子、アンチョビ、にんにくを入れて弱めの中火にかけ、**1**を加えてざっと混ぜる。薄手の鍋などで、焦げつきが心配な場合は水大さじ1～2を加え、ふたをして蒸し煮にし、歯ごたえが残る程度で火を止める。

③ ブロッコリーのペンネ

このパスタ料理は、本来、イタリアのプーリア地方を代表するオレキエッテというショートパスタで作ります。オレキエッテとは「小さな耳」という意味。その名のとおり耳たぶのような形で、バーリ周辺のマンマが手打ちで作ることで知られるパスタ。けれども日本では入手しにくいので、今回はおなじみのペンネを使います。

ブロッコリーはパスタと同じ鍋でゆでます。先にブロッコリーを引き上げてソースを作るので、ゆで時間の長いショートパスタのほうが作りやすい料理です。早くゆであがるパスタなら、先にブロッコリーをゆで始めればいいでしょう。パスタのゆで時間を確認して、作り始めましょう。

◉ブロッコリーのペンネ［材料の目安・2人分］
ブロッコリー　小1株
ペンネ　150g
塩　適量
アンチョビ（フィレ）　3〜4枚

EXバージンオリーブオイル　大さじ2～3
赤唐辛子　1本
にんにく　2片
★パスタをゆでるときは、ペンネ100gに対し水1ℓに塩大さじ⅔～1を加える。アンチョビが入るので塩・こしょうは必要ない。足りなければ食べるときに手塩で。

1 赤唐辛子は種を除いてみじん切りにし、にんにくとアンチョビもみじん切りにする。ブロッコリーは小房に分け、252ページのように下処理をする。

2 ソースを作るためのフライパンまたは平鍋にEXバージンオリーブオイルを入れ、**1**の赤唐辛子とにんにくを加えて、弱火でにんにくの香りが立つまでじっくり炒め、アンチョビも入れる。

3 深鍋に水を入れて沸かし、沸騰したら塩を加える。再び煮立ったら、ペンネと**1**のブロッコリーを一緒に入れてゆでる。

4 ブロッコリーが早くゆで上がるので、やわらかくなったのを確認して網じゃくしなどですくい、**2**の鍋に入れ、木ベラなどで粗くつぶしてソース状にする。

5 ブロッコリーをつぶしている間に、ペンネもゆで上がるので、**4**の鍋に加えて、ゆで汁も少し加えて、火にかけながら混ぜ合わせる。

ほうれんそう

ほうれんそうは一年中店頭に並んでいますが、晩秋から冬にかけての露地ものは、寒さから身を守るために甘みを増し、葉も肉厚でとくにおいしいものです。

ただし、葉物野菜でもとくにほうれんそうは鮮度が命。収穫後は葉先から水分が蒸発しますから、できれば買った当日に使いきりたいものです。残ったらゆでて保存するほうが多少長くもつうえ、水けをよく絞って食べやすく切り分けておけば、汁の実にしたり、煮物や麺類の彩りなどに重宝すると思います。心持ちかためにゆでて絞ったものは、小分けにして冷凍しておいてもいいと思います。

洗い方やゆで方は小松菜と同様に。ゆで時間は小松菜より短いので、ゆですぎは禁物です。

① 豚肉とほうれんそうのさっと煮

写真↓P31

下準備さえできればたった5分で仕上がるのに、満足感があって、ほうれんそうもたくさん食べられ、体も温まるという、いいこと尽くしの料理。外出した日の夕方など、鍋にするまでもないけれど軽く食べたい、というときなどにうってつけ。私も疲れた日には、この一皿にご飯と納豆があれば満足です。

吸い物より少し濃いめのだし汁で、うっすらと片栗粉をまぶした豚肉、そしてほうれんそうをさっと煮て取り出します。片栗粉のおかげで豚肉には適度なとろみがついて、粉山椒をふるとさらに美味。

ベースのだし汁は休日などにまとめて作り、小分けにして冷凍しておくと便利です（巻末にだし汁のとり方をまとめています）。

豚肉とほうれんそうで作る常夜鍋（毎晩食べても飽きない鍋物ということでついた名前）を、「煮物で」という気分で作る料理です。

●豚肉とほうれんそうのさっと煮［材料の目安・2人分］
しゃぶしゃぶ用豚ロース肉　200g
ほうれんそう　小1束（200g）
だし汁
　かつお節のだし汁（↓P281）　1½カップ
　しょうゆ　大さじ1
　酒　大さじ1
片栗粉　適量
★豚肉のかわりに鶏ささみを用いてもおいしい。

1　ほうれんそうは冷水につけて葉の部分だけちぎり、しゃぶしゃぶ用豚ロース肉に片栗粉を薄くまぶす。
2　鍋にだし汁を入れて加熱し、しょうゆと酒を加えて煮立てる。
3　煮立ったら中火にして、1の豚肉、ほうれんそうの順に加え、さっと煮て器に盛る。

② ほうれんそうとキャベツのオイル蒸し　写真↓P31

オリーブオイルをからめて蒸し煮にする「オイル蒸し」は、たっぷりの野菜をおいしくいただける、とてもよい調理法です。材料の都合や好みに合わせて、オイルににんにくの香りを移してから蒸し煮にしても、オイルとベーコンを加えて蒸し煮にしても、もちろんシンプルにオイルだけで蒸し煮にしてもよい、自由な料理です。

野菜の蒸し加減も、さっと蒸しても、クタクタになるまで蒸しても、それはお好みで。材料を焦げつかせないために厚手の鍋を使います。鍋が薄い場合には少しだけ水を加えたり、水分の多い野菜（トマトなど）を加えればよいと思います。

この料理は二人でキャベツ半個、ほうれんそう一わが難なくお腹に収まります。キャベツもほうれんそうも冷水に5分ほどつけ、シャキッとさせてから取りかかりましょう。冷水を含ませずに始める場合は、ふたをする前に水を少し加えます。

この方法でおいしく食べられる野菜は、トマト、にんじん、玉ねぎ、かぶ……数え上げたらきりがありません。香りのよい黒こしょうをひいてどうぞ。

◎ほうれんそうとキャベツのオイル蒸し［材料の目安・2人分］

ほうれんそう　1束
キャベツ　½個
塩・黒こしょう　適量
EXバージンオリーブオイル　大さじ2

1 キャベツは5㎝角のざく切りにし、ほうれんそうは茎と葉の部分を分けて切る。

2 しっかりふたができる鍋に**1**のキャベツを入れ、塩とEXバージンオリーブオイルを軽くふって全体をさっとあえる。すぐにふたをして中火で全体がくったりするまで蒸し煮にする。

3 **1**のほうれんそうはでき上がり直前に茎の部分を、次に葉の部分を入れ、塩とEXバージンオリーブオイルを加えてざっと混ぜ、再びふたをして1〜2分蒸し煮にする。お好みで黒こしょうをふる。

③ ほうれんそうと切り干し大根のごまじょうゆあえ

風味豊かなごまで作る一皿です。封が切ってあるいりごまを使うなら、もう一回、弱火で焦がさないようにいってください。それをすり鉢かハンドミキサー（バーミックスなど）ですります。香りが引き立ち、その分おいしくなるはずです。ごま、しょうゆ、お好みで甘みの組み合わせに、しょうがの風味をきかすととてもおいしくなるので、ぜひお試しください。いったごまを半ずりにしてしょうゆを加えるだけでもおいしいので、ちょっと甘みを足すかどうかはお好みで。

この料理は、もともと切り干し大根だけのごまあえでした。ある時、たくさんあった切り干し大根をしょうが入りのごまじょうゆであえてみるとなかなかおいしくて、以来よく作るようになりました。そこに「緑がほしいな」と思い、ほうれんそうを加えたら、ほうれんそうのやわらかい歯ざわりと、ちょっとシャキッとした切り干し大根がよく合ったのです。

キッチンではこういうことがよくあります。わざわざ考えたわけではなく、思いつくままにやってみたらお気に入りになった料理の好例です。

◎ほうれんそうと切り干し大根のごまじょうゆあえ［材料の目安・4人分］

ほうれんそう　1束
塩　少々
切り干し大根（乾物）　25g
ごまじょうゆ
　いり白ごま　大さじ5
　しょうゆ　大さじ1強
しょうが　1片

1　切り干し大根はさっと水洗いし、5〜6倍の冷水に20〜30分ほどつけて戻し、よく水けを絞って4cm程度の長さに切る。

2　ほうれんそうは根元を冷水に10分ほどつけて洗い、塩少々を加えた熱湯でゆで始める。色が変わったらさっと冷水につけて冷まし、水けを絞り、食べやすい長さに切る。

3　しょうがは半分にし、みじん切りと針しょうがにする。いりごまは半ずりにする。

4　ごまじょうゆの材料と**3**のしょうがのみじん切りを混ぜ、**1**を入れてよく合わせたあと、**2**も加えてよくあえる。

5　器に盛り、好みで**3**の針しょうがを天盛りにする。

［もう一言］　ほうれんそうをよりおいしくゆでる

どんな野菜にも共通することですが、ほうれんそうでもおいしさのポイントは、ゆで加減です。ほうれんそうは火の通りが早いので、湯に入れたら、色の変化を見逃さず、濃いきれいな色になってきたら、すぐに引き上げて指先で茎のかたさをみます。何度もやれば加減がわかってくると思いますが、ゆですぎは一瞬の差。その時間には私は電話にも出られません。

ゆでたあとは、3〜4本ずつまとめて根元を持ち、もう一方の手で葉先へ向かってほうれんそうをにぎるようにして水けを絞ります。この時、ほうれんそうがつぶれてしまったらゆですぎです。

山いも

山いもの仲間は、粘りが強いか弱いかに分けて考えると、各々どんな料理に向くか自然に浮かんできます。生でシャキシャキ感を味わうには粘りの弱い長いも、とろろやしんじょには粘りの強い大和いもやつくねいも、自然薯《じねんじょ》を使います。

長いもなら1㎝くらいの輪切りにして、パルミジャーノチーズを入れた卵に加えてフリッタータ（イタリアのオムレツ）を作ります。卵に火が通る間に長いもにもほどよく火が入り、ほっくりした長いもが味わえます。

大和いもやつくねいもなら、何と言ってもとろろが美味。のりで巻いて揚げるとお酒にぴったり。

生から加熱したものまで、さまざまな食感が味わえるのも山いもならではです。

① 長いもとわかめのおかかあえ

長いもと早春の新わかめのあえものです。新わかめが入手できなければ干しわかめでもOK。同じ時期が旬の新玉ねぎを加えればフレッシュなシャキシャキ感が倍増します。かつお節をたっぷりかけてどうぞ。

余談ですが、長いもは皮ごとぬか漬けにしてもおいしいです。細い長いもを使ってください。ひげなどを除いて皮をきれいにし、皮ごと漬けて一晩。サクサクした、おいしいぬか漬けができ上がります。

●長いもとわかめのおかかあえ［材料の目安・4人分］
長いも　250〜300g
生わかめ　80g
新玉ねぎ（あれば）　½〜1個
かつお削り節　10g
酢、しょうゆ　各適量

1　新わかめは熱湯にさっとくぐらせて、手早く水に取り、水けをきってざく切りにする。

2　長いもは皮をむいて酢水（分量外）につけ、せん切りまたは半月切りにする。新玉ねぎもあれば二つに切って、水に10分つけてから、薄切りにする。

3　以上を合わせて器に盛り、かつお節と酢、しょうゆをかけて混ぜる。

②大和いものえびしんじょ揚げ

この料理は大和いもなど、粘り気の強い山いもでないとおいしくできない料理です。長いもでは水分が出るのでカラッと揚がりません。コクのある味わいの大和いもはえびの叩き身や鶏のひき肉などとも好相性。

大和いもは、ジッパー付き保存袋などに入れてすりこ木などで叩き割ります。こうすると口に入れたあとに残るいもの香りや味わいがよいうえに、手がかゆくなりません。

歯ざわりを残して叩いた大和いもはえびと混ぜ、味をつけ、揚げる……それでもいいのですが、もう一手間をかけて、大きめのしその葉で包み、大根おろしとしょうゆでいただきましょう。上品で軽い口当たりに仕上がります。

●大和いものえびしんじょ揚げ［材料の目安・2人分］
大和いも　100～150g
えび　中サイズ4～5本
塩　ひとつまみ
しその葉　大10～15枚
揚げ油　適量
大根おろし　適量
しょうゆ　適量

1　大和いもは皮をむいて酢水（分量外）にしばらくつけ、水けをふいて保存袋に入れ、すりこ木などで粗めに叩く。えびは殻と背わたを取り除き、ぶつ切りにする。
2　ボウルに**1**の大和いもとえびを入れ、混ぜる。
3　大きめのしその葉に**2**のしんじょをのせて包み、形を整える。
4　揚げ油を低温（150～160度）に熱し、**3**を入れ、時々返しながらカラッと揚げる。
5　器に**4**のしんじょ揚げを盛り、大根おろしとしょうゆを添える。塩でも、天つゆでも。

③ 大和いものとろろかけご飯

とろろご飯に長いもは向きません。大和いも（いちょういもやつくねいも）や自然薯を使います。すり鉢で丁寧にするのが、いちばんの方法だと思いますが、少しでも時間をかけずに作りたい場合は、細かいおろし金でおろしてすり鉢に入れ、すりこ木であたると滑らかに仕上がります。時間はないのだけどやっぱりとろろを自分で作って食べたいなら、少し滑らかさに欠けますが、フードプロセッサーを使って仕上げてもいいと思います。ヌルヌルして手がすべりやすいときは、手で持つ部分を乾いたさらしのふきんで巻くとうまくいきます。

おろしたとろろを、濃いめに味をつけただし汁でのばしていくときも、少しずつ入れてそのつどすりこ木ですりながらのばしていくと口当たりが滑らかに。ただし、とろろ汁をよりおいしく仕上げるには、だし汁の味がとても大切。まず、濃いめのおいしいかつお節のだしを取りましょう。

とろろ汁は白米に麦を炊き込んだ麦ご飯や玄米ご飯のように、ちょっと噛みごたえのあるしっかりしたご飯にかけると、よりおいしく感じます。のりは、かけてもかけなくても、お好みで。私は何もかけずに、ただたっぷりのとろろでいただきます。

使いきれなかった山いもを放っておくと、芽が出てくることがあります。もしもそうなったら、土に埋めてみてください。初夏にはかわいいグリーンの葉がたくさん出てきて、料理のあしらいに利用すると素敵です。秋になれば「むかご」ができます。これは山いもの葉のつけ根にできる小さなおいも。かわいらしく香りとコクがあるので、炊き込みご飯や汁の実、塩ゆでや素揚げにして酒肴にするなど、思いがけない楽しさやおいしさが味わえます。山いもに限らず、芽が出た野菜は何でも土に植えてみます。さつまいも、里いも、玉ねぎなどは、二度目のお楽しみもあったりするので捨てられません。

◘大和いものとろろかけご飯［材料の目安・2人分］
大和いも　400〜500g
血合い入りのかつお節のだし汁（↓P281）　2〜3カップ
塩　小さじ⅔〜1
しょうゆ　小さじ2
炊きたての麦ご飯または玄米ご飯　適量

1 血合い入りのかつお節のだしを塩としょうゆで濃いめに調味する。

2 大和いもは皮をむき、酢水（分量外）に10分ほどつけてから水けをよくふき、乾いたさらしふきんで巻いて、細かいおろし金で力を入れずにすりおろし、すり鉢に入れる。または、すり鉢のみぞですりおろす。

3 すりこ木で4〜5分する。**1**のだし汁を玉じゃくし1杯ずつ加えてすりのばし、好みの粘り具合にする。

4 麦ご飯または玄米ご飯を器に盛り、**3**のとろろ汁をかけていただく。

れんこん

れんこんは火の通し方によって、まったく別の顔を見せてくれます。サラダや酢れんこん、炒め物などは、短時間で調理し、シャキシャキと。一方、時間をかけて仕上げる煮物や高温で揚げる料理は、ほっくりと。

皮ごと使うことが多いですが、皮をむく場合はピーラーでむいてから好みの形に切ります。輪の形をきれいに出したいときは、輪切りにしてから包丁で皮をむきます。

空気にふれると切り口が変色しますので、切ったらすぐに酢水に5〜10分つけて、アク抜きをします。真っ白に仕上げたい場合は、水1カップに片栗粉大さじ3〜4を溶かし、15分ほどつけてからよく水洗いして使います。

店頭にあるもので、不自然に白いものは漂白されている場合があるので、自然な肌色をしている無漂白のものを選びます。カットされたものなら断面が白く、穴のサイズがそろっているものがよい品です。穴に褐色や黒ずみがあるものは避けます。

①　れんこんのカリカリきんぴら

れんこんは繊維に沿って１㎝角くらいの棒状に切って炒めると、シャキシャキした歯ざわりのおいしさが楽しめます。

包丁で皮をむくときは、使いたい長さに切って、切り口をまな板にふせ、片手でれんこんを押さえ、もう一方の手でまな板に向かって包丁を下すように切ると安全にむけます。

料理で残った皮は、にんじんの皮などといっしょにきんぴらやかき揚げなどにして余すところなくいただきます。

◎れんこんのカリカリきんぴら［材料の目安・２人分］

れんこん　中１節

ごま油　大さじ２

Ａ
- 酢　小さじ２
- 酒、しょうゆ　各大さじ１½

―みりんまたはメープルシロップ・エキストラライト　小さじ2
赤唐辛子　1本

1 れんこんは長さ4〜5cmに切り、皮をむいて縦に1cm角の棒状に切り、酢水（分量外）に10分ほどつけてざるに上げる。

2 赤唐辛子はぬるま湯につけ、種を除いて小口切りにする。

3 鍋にごま油を熱し、**1**のれんこんを入れてよく炒める。れんこんが透き通ってきたら、Aの調味料と**2**の赤唐辛子を加え、汁けがなくなるまで炒める。

②れんこんの肉詰め揚げ

れんこんはコトコトと長く煮込めば皮からもうまみが出ますし、皮ごと揚げるところばしく、よりおいしく仕上がります。

この料理は皮つきのれんこんに、下味もつけないひき肉を詰めて素揚げします。できれば、実が詰まっていて甘みのある加賀れんこんで作ってみてください。ひき肉に味をつけると水分が出て、カリッと揚がらないので調味もなし。けれども、れんこんのもっちりとした食感と皮の香ばしさは格別で、揚げたてを辛子じょうゆでいただくと、あと一つ、あと一つ、と箸がのびます。

れんこんの穴にぎゅっぎゅっとひき肉を詰める作業を楽しみながら作ってください。

◎れんこんの肉詰め揚げ［材料の目安・4人分］

れんこん（無漂白のもの）　大1節
鶏ひき肉　100g
揚げ油　適量
練り辛子・しょうゆ　各適量

1 れんこんは無漂白のものを選んでよく洗い、水けをふいて皮のまま半分の長さに切る。

2 バットに豚ひき肉（または鶏ひき肉）を入れ、れんこんの切り口を肉にぎゅっぎゅっと押しつけるようにして、反対側の穴から肉が出てくるまで詰める。

3 れんこんの穴からはみ出た余分な肉を除き、皮ごと1.5～2㎝厚さの輪切りにする。

4 揚げ油を170度の中温に熱し、両面がこんがり色づくまで揚げる。

5 油をきって器に盛り、練り辛子としょうゆを添える。

③ 叩きれんこんのドライカレー 写真↓P32

この料理も皮つきのれんこんで。すりこ木などでれんこんを叩いて割り、それを油で揚げて香ばしさやうまみを引き出します。

一節のれんこんを包丁で半分にし、それを一つずつまな板の上にのせ、すりこ木などで大きく叩いて割れ目を入れます。その割れ目を手で開くように割っていきます。包丁で切るより叩いたほうがカレーじょうゆとよくなじみます。

このドライカレーには玄米と決めています。玄米のかすかな香ばしさがカレーと合い、とてもおいしく感じられるからです。大きめに割ったれんこんの食感と、玄米のしっかりしたかみごたえの両方を楽しめるので、このメニューは「かむ料理」として認定したいくらいです。

このカレーには、夏なら生のトマトを混ぜたり、塩もみのきゅうりや大根を加えてもよく、ゆでたじゃがいもを入れても美味。食欲が減退しがちな季節でも、野菜がたっぷりおいしくいただける料理としてわが家では人気です。

◉叩きれんこんのドライカレー［材料の目安・4人分］
れんこん（無漂白のもの）　大1節
豚ひき肉　300g
にんにく、しょうが　各1片
赤唐辛子（小さいもの）　数本
EXバージンオリーブオイル　大さじ2〜3
しょうゆ　大さじ3〜4
カレー粉　大さじ3〜4
クミンパウダー、コリアンダー　各小さじ2
ローリエ、塩、揚げ油　各適量

1 れんこんは無漂白のものを選んでよく洗い、水けをふいて、皮をつけたまま半分の長さに切る。まな板の上にのせ、すりこ木で叩き、割れ目を入れ、食べやすい大きさに手で割る。

2 にんにくとしょうがは、それぞれみじん切りにする。

3 フライパンを熱して、EXバージンオリーブオイル、赤唐辛子、**2**のにんにくとしょうが、ひき肉を加えて炒める。肉がカリカリになったらしょうゆを加え、さらにカレー粉とクミン、コリアンダーをふり入れ、ローリエを加えてよく炒め合わせる。

4 揚げ鍋に油を170度の中温に熱し、**1**を入れて、こんがりとほどよい色になるまで揚げ、**3**のフライパンに入れて合わせ、味をみて塩を加え仕上げる。

5 器に玄米ご飯（炊き方↓P161）を盛り、**4**のれんこんカレーをかける。

だし汁のとり方

◉昆布とかつお節のだし汁

（＝P127「焼きアスパラガスのおひたし」参照）

1　鍋に昆布10cmと水3カップを入れ、しばらくおいて弱火にかける。昆布に小さい泡がつき、かすかにゆれたら、60度に保ちながら30分ほど煮出し、昆布を取り出す。

2　鍋の昆布だしを熱し、かつお削り節40gを加え、菜箸などで静かに浸し入れて、火を止める。7〜10分おいて削り節が沈むのを待ち、ボウルにざるをのせ、かたく絞ったさらしふきんを敷いて**1**をこす。

◉かつお節のだし汁

1　11カップ（でき上がり10カップ）の水を熱し、煮立つ直前にかつお削り節100g（1袋）を入れて火を止め、菜箸で全体を沈める。

2　そのまま7〜8分おき、スプーンで中心の底のだしをすくって味をみる。味が足りなければさらに2〜3分おく。

3　ボウルにざるをのせ、かたく絞ったさらしふきんを敷いて**1**をこす（箸で押さえたりしないこと）。

★　上質の血合い入りのかつお削り節を使うと、煮物やつゆに向くしっかりした味わいの濃い色のかつおだしがとれる。血合いの入らないかつお削り節は淡い色で上品な味わい。こちらは吸い物や茶碗蒸しに。

◉煮干しの水だし汁

1　ガラスかステンレスの容器に4カップの水と黒い腹わたを除いた煮干し30尾を入れて、10時間以上、冷蔵庫に入れておく。

2　かたく絞ったさらしふきんで**1**をこす。

◉昆布の水だし汁

1　ガラスかステンレスの容器に水10カップと昆布20cm（利尻昆布か真昆布など）を入れて、10時間以上冷蔵庫に入れておく。

2　昆布を引き上げる。

★　昆布とかつお節のだし汁は、「かつお節のだし汁」と「昆布の水だし汁」を合わせてもよい。

◎野菜スープ（⇒P71「セロリのベーシックスープ」参照）

1　セロリ、パセリ、玉ねぎ、にんじんなどの香味野菜を大きめに切って鍋に入れる。

2　野菜がかぶるくらいの水を注ぎ、ふたをせず、弱火で、野菜が透き通るまで煮込む。香りや味を確認するのを忘れずに。

3　2をこしてスープを鍋に戻し、塩・こしょうで味を調える。

★　使い残しの玉ねぎ、白菜やキャベツの芯、大根などの皮、残ったトマト、セロリの葉、パセリの茎など、アクの出ないくず野菜でもOK。

★　洋風や中華に使う場合はローリエや叩きにんにくなどを、和食ならしょうがなどを加えると風味がよい。

◎鶏肉でとる鶏スープ

1　セロリ、パセリ、玉ねぎ、にんじんなどの香味野菜を大きめに切って鍋に入れる。

2　さらに鶏肉1枚を入れて、すべてがかぶるくらいの水（約10カップ）を注いで中火にかける。煮立ち始めたら、弱めの中火にして、アクを除きながら、ふたをせず、コトコトと煮込む。

3　水が⅔量に煮詰まり、鶏肉がやわらかくなったら、味を確認する。でき上がったスープはこして、鍋に戻し、塩・こしょうで味を調える。

★　鶏胸肉の代わりにささみやもも肉でもOK。もも肉なら少しコクのあるスープに。

◎鶏手羽先でとる鶏のスープ（⇒P89「一石二鳥のチキンスープのとり方」参照）

1　鍋に鶏を蒸すための水を入れ、そこにお好きな香味野菜を加え、火にかける。

2　蒸気が上がってきたら、塩をすりこんだ鶏手羽先を入れて蒸し上げる。蒸すための水に肉汁が落ちて濃いスープに。

★　まるごと一羽の鶏や骨つきの鶏肉でも、同じようにできる。

『大好きな野菜　大好きな料理』さくいん

【肉】

【魚介】

【卵】

【野菜】

●おそうざい

【海藻・乾物・加工品】

【ご飯もの・麺・パスタ】

【だし汁・その他】

★印は［もう一言］や本文中に参考料理として挙げられているものです。

ちくま文庫

大好《だいす》きな野菜《やさい》　大好《だいす》きな料理《りょうり》

二〇二〇年五月十日　第一刷発行

著　者　有元葉子（ありもと・ようこ）

発行者　喜入冬子

発行所　株式会社　筑摩書房
東京都台東区蔵前二―五―三　〒一一一―八七五五
電話番号　〇三―五六八七―二六〇一（代表）

装幀者　安野光雅

印刷所　凸版印刷株式会社

製本所　凸版印刷株式会社

ISBN978-4-480-43654-2　C0177